JN050029

KOKOKARA DRILL SERIES

大学入試

TSUNAGERU

土岐田の

ここからつなげる英文法ドリル

Gakken

受験勉強の挫折の原因とは？

定期テスト対策と受験勉強の違い

本書は、“解く力”を身につけたい人のための、「実践につなげる受験入門書」です。ただ、本書を手に取った人のなかには、「そもそも受験勉強ってどうやったらいいの？」「定期テストの勉強法と同じじゃだめなの？」と思っている人も多いのではないでしょうか。実は、定期テストと大学入試は、本質的に違う試験なのです。そのため、定期テストでは点が取れている人でも、大学入試に向けた勉強になると挫折してしまうことがよくあります。

定期テストとは…

授業で学んだ内容のチェックをするためのもの。

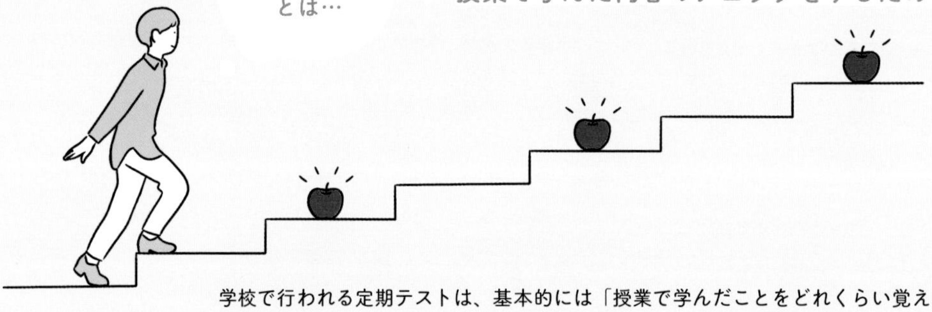

学校で行われる定期テストは、基本的には「授業で学んだことをどれくらい覚えているか」を測るものです。出題する先生も「授業で教えたことをきちんと定着させてほしい」という趣旨でテストを作成しているケースが多いでしょう。出題範囲も、基本的には数か月間の学習内容なので、「毎日ノートをしっかりまとめる」「先生の作成したプリントをしっかり覚えておく」といったように真面目に勉強していれば、ある程度の成績は期待できます。

大学入試とは…

膨大な知識と応用力が求められるもの。

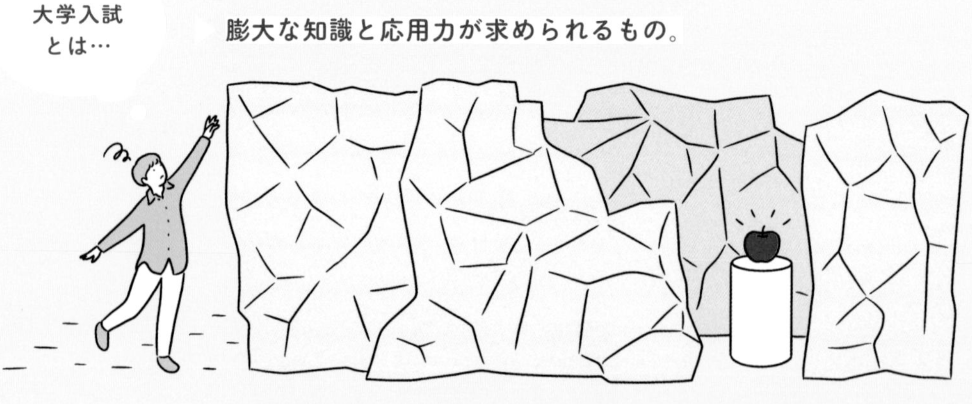

一方で大学入試は、出題範囲が高校３年間のすべてであるうえに、「入学者を選抜する」ための試験です。点数に差をつけるため、基本的な知識だけでなく、その知識を活かす力（応用力）も問われます。また、試験時間内に問題を解ききるための時間配分なども必要になります。定期テストとは試験の内容も問われる力も違うので、同じような対策では太刀打ちできず、受験勉強の「壁」を感じる人も多いのです。。

入試演習の難しさ

定期テスト対策とは大きく異なる勉強が求められる受験勉強。出題範囲が膨大で、対策に充てられる時間も限られていることから、「真面目にコツコツ」だけでは挫折してしまう可能性があります。むしろ真面目に頑張る人に限って、空回りしてしまいがちです。特に挫折する人が多いのが、基礎固めが終わって、入試演習に移行するタイミング。以下のような悩みを抱える受験生が多く出てきます。

よくある悩み

1 本格的な受験参考書をやると急に難しく感じてしまう

本格的な受験参考書は、解説が長かったり、問題量が多かったりして、難しく感じてしまうことも。
また、それまでに学習した膨大な知識の中で、どれが関連しているのかわからず、
問題を解くのにも、復習にも、時間がかかってしまいがちです。

よくある悩み

2 知識は身につけたのに、問題が解けない

基礎知識は完璧、と思っていざ問題演習に進んでも、まったく歯が立たなかった……
という受験生は少なくありません。基礎知識を覚えるだけでは、
入試問題に挑むための力が十分に身についているとは言えないのです。

よくある悩み

3 入試演習に挑戦できる力が本当についているのか不安

基礎固めの参考書を何冊かやり終えたのに、
本格的な入試演習に進む勇気が出ない人も多いはず。
参考書をやりきったつもりでも、
最初のほうに学習した内容を忘れてしまっていたり、
中途半端にしか理解できていない部分があったりする
ケースもよくあります。

この悩みに
寄り添ったのが…

ここからつなげるシリーズで “解けない”を解決！

前ページで説明したような受験生が抱えやすい悩みに寄り添ったのが、「ここからつなげる」シリーズです。無理なく演習に取り組め、しっかりと力を身につけられる設計なので、基礎と実践をつなぐ1冊としておすすめです。

解けるポイント

1 無理なく演習に取り組める！

全テーマが、解説１ページ➡演習１ページの見開き構成。
問題を解くのに必要な事項を丁寧に学習してから演習に進むので、
スモールステップで無理なく取り組めます。

解けるポイント

2 “問題が解ける力”が身につくテーマを厳選！

基礎知識を生かして入試問題を解けるようになるために不可欠な、
基礎からもう一歩踏み込んだテーマを解説。
入試基礎知識の学習段階から、実践段階へのスムーズな橋渡しをします。

解けるポイント

3 定着度を確かめられて、自信がつく！

1冊やり終えた後に、学習した内容が身についているかを確認できる
「修了判定模試」が付いています。
本書の内容が完璧に身についているか確認したうえで、
自信をもって入試演習へと進むことができます。

はじめに

本書を手にとってくれたみなさん、ありがとうございます！　英語講師の土岐田健太です。

文法の問題集を1冊やり切ったのに、応用力がついていないと悩む受験生は毎年多くいます。その原因は何でしょうか？

難関校の英語の問題を攻略するためには、「文法の使い分けをする力」、すなわち「識別力」が必要です。問題集に取り組んでいる生徒から、「せっかく勉強した単元なのに、ほかの単元と同時に出題されると全然できない……」という悩みをよく耳にします。

それは、よく狙われる文法の見極めの力が足りず、知識が頭の中で結びついていない状態だから起こってしまうことなのです。言うなれば、点の知識（個々の文法知識）を線の知識（応用できる体系化された知識）につなげていくことが、英語を入試の得点源にする上で最も大切なことだということになります。

そこで、この本は英文法の知識を体系化し、応用力をつけたい読者に向けて執筆しました。読解や英作文はもちろん、リスニングを攻略するカギにもなります。ドリル形式のトレーニングはアタマ、手をフル稼働させるので、一通り英文法を学んだ読者がさらなる実力アップをするのに適しています。

ドリルは文法の応用問題、英作文問題など実践的な問題を使いながら進めていくので、本書を終えた読者のみなさんは英文法の立体的な知識が身につきます。「問題を解く手順をつかむ」→「ドリル形式で反復練習する」というステップを踏み、最後には修了判定模試にも挑戦してもらいます。文法の４択問題だけに終始するのではなく、常に実践を想定したトレーニングを積んでもらうので、英語力の飛躍にもってこいの内容です。

受験勉強の醍醐味は「知のネットワークづくり」です。英文を読み解く時に大きな武器となる英文法を使って、みなさんの合格と将来のサクセスストーリーへとつなげて行きましょう！

土岐田健太

もくじ

Chapter 4 節の活用

Chapter 5 時制の活用

Chapter 6 助動詞の活用

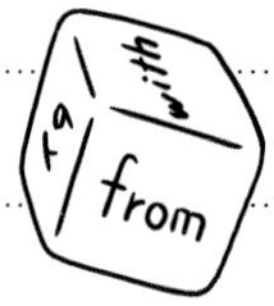

音声のご利用方法

本書の TRACK 000 が掲載されている箇所は音声に対応しています。音声を再生するにはまず、右のQRコードをスマホなどで読み取るか、次のURLにアクセスしてアプリをダウンロードしてください。ダウンロード後、アプリを起動して『土岐田のここからつなげる英文法ドリル』を選択すると、端末に音声がダウンロードされます。

https://gakken-ep.jp/extra/myotomo/

※iPhoneからのご利用にはApple ID、Androidからのご利用にはGoogleアカウントが必要です。また、アプリケーションは無料ですが、通信料は別途発生します。

〔ご利用の注意点〕
お客様のネット環境およびスマホやタブレット端末の環境により、音声の再生やアプリの利用ができない場合、当社は責任を負いかねます。また、スマホやタブレット端末へのアプリのインストール方法など、技術的なお問い合わせにはご対応できません。ご理解をいただきますようお願いいたします。

本書の使い方

How to Use

入試問題を解くのに不可欠な知識を、順番に積み上げていける構成になっています。

「▶ここからつなげる」をまず読んで、この講で学習する概要をチェックしましょう。

解説を読んだら、書き込み式の演習ページへ。学んだ内容が身についているか、すぐに確認できます。

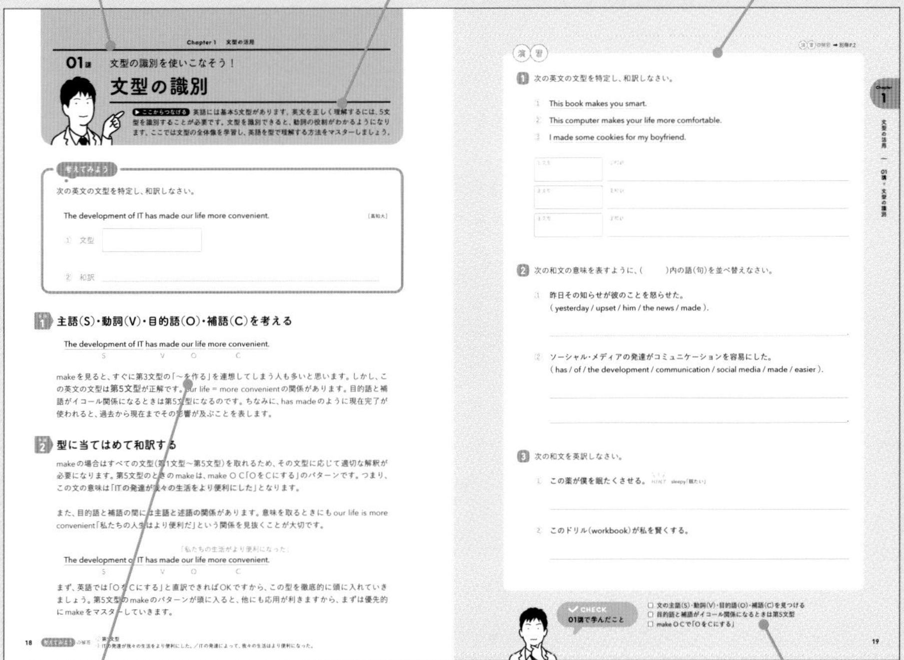

人気講師によるわかりやすい解説。ニガテな人でもしっかり理解できます。

学んだ内容を最後におさらいできるチェックリスト付き。

答え合わせがしやすい別冊「解答解説」付き。
詳しい解説でさらに本番における得点力アップが狙えます。

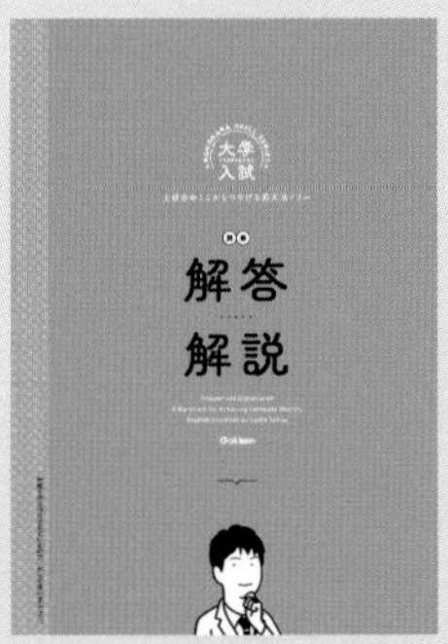

すべての講をやり終えたら、「修了判定模試」で力試し。
間違えた問題は ➡00講 のアイコンを参照し、該当する講に戻って復習しましょう。

1　入試レベルに対応する英文法の応用力を身につけるには？

英文法の「応用力」が入試を制す

標準的な単語集と文法の本を一通り単元別に終えたのに、文法の応用問題や英文読解になると、途端に太刀打ちできないという悩みを耳にします。

僕は英文法と入試問題の間には、「わかる」と「実際にできる」を分ける壁が存在すると考えています。それを超える力になるのが**応用力**です。入試を制すためには、**英文法を応用する力**が必要になるのです。

応用力の正体は「基本的な知識を複数同時に使う力」

入試には英文法の応用力が必要であることはすでにお伝えしましたが、この応用力とは何なのか、あまりきちんと説明されないことも多いのではないでしょうか。

応用力とは基本的な知識を複数同時に使う力です。具体的に言うと、問題を見たときに「**どんな文法事項が問われているか？」と複数の観点から検証ができること**を言います。本書ではこれを「**識別**」というキーワードを用いて解説していきます。例えば、分詞を使った長い主語の英文をスッキリ読めるようにするためには、過去分詞と述語の過去形の識別をする力が求められます。論理関係を表す接続詞や前置詞も、使い分けを識別することで、読解問題を解くための即戦力に変わります。空所補充形式の長文でも、品詞別の整理と識別ができていれば選択肢が一気に絞り込めることが多々あります。そんな実践向きの技術＝「識別力」を、本書では丁寧に紹介していきます。

応用力＝「基本的な知識を複数同時に使う力」を身につけよう！

2 単元どうしの「コラボ問題」に注意する！

入試問題は2つ以上の単元がコラボする問題が出題される

「識別」が大切であることはすでにお伝えしましたが、これは入試問題で複数の単元が同時に問われることが多いことにも関係しています。**難関大学の入試では、受験生の思考力や応用力を試す目的で、多角的に英語を読み解く力が問われます**。それゆえ、「文型」という単元を例にとっても、文構造が複雑になっていたり、時制の要素まで絡めて出題されたりしていることが多いのです。僕はこれを「**単元コラボ**」と呼んでいます。

識別と単元コラボを制して、真の実力をつける

単元コラボが発生した問題は、**それを１つ１つ解きほぐす力**が必要です。受験生のとき、僕はこの「**単元コラボ**」**に気づく力、そして何が問われているかを識別する力**を駆使して、難関大学の入試でも英語で満点近く取っていました。また予備校の東大クラスや早慶クラスなどで教鞭を取るようになってからも、複数の単元のつながりを理解し識別のできる生徒は、英語の学力が高いことを感じます。本書では「単元コラボ」の問題をいくつも扱っていますので、ぜひチャレンジしてみてください。

「単元コラボ」に注意して
１つ１つの文法事項を解きほぐそう！

3 英文解釈にも文法力が役立つ

1文1文を読み解けることが、英文解釈の土台になる

英文を読むときには、「**全体を俯瞰して読む力**」と「**細部まで構造をつかむ力**」**の両方が求められます。**

しかし、普段から予備校などで生徒を見ている実感としては、そもそも1文1文をしっかりと解釈する力が欠けている生徒が多いです。文章全体を論理的に読み解く技術をつけるためにも、**まずは1文1文を丁寧に読み解く力をつけることがtop priority「最優先事項」**です。この1文1文を正確に、分析的につかんでいく技術こそが「**英文解釈力**」といえると思います。

単元どうしのつながりをおさえる！

本書が目的にしているのは、まさに**文法のルールにのっとり、1文1文を分析的に読む力をつけること**です。単元別に学ぶ形式か、あるいは総合問題でランダムに解く形式で学習する本はあると思うのですが、これらの橋渡しとして単元どうしのつながりを学習できる本はそうはありません。本書ではこの橋渡しをするように、構成されています。ぜひ、1講ずつ丁寧に学習し、英文を1文1文読み解く力を自分のものにしていってください。

英語長文を制するためにも
1文1文を分析的に読む力を身につけよう。

4 手ごわい問題にこそ実力アップのチャンスあり

「やりがいのある問題」が実力アップにつながる

入試英語の実践力を磨くには「手ごわい問題に立ち向かうこと」も重要です。演習の様子を見ていると、生徒は「基本的な問題が解けるようになった」とよく嬉しそうな表情をします。でも、実は僕が一番生徒の成長を感じる瞬間は「これができたらすごいよ」という難しい問題が解けたときです。手ごわい問題と格闘したとき、みなさんは真の実力を手に入れるのです。４択問題だけでなく、並び替え・和訳・正誤問題・英作文などに幅広く挑戦することが、実力アップには必要です。

「思考力を試す問題」で力をつけよう

英文法の入試問題では「思考力を試す問題」が流行しています。英文法のルールに即した思考力が問われており、英文法を多角的に運用する力が求められるような問題です。近年では、難関大学で基本的な動詞を使って複雑な識別を問う問題が出題されることもありました。入試問題にとって文型を使いこなす力がいかに有用か、今一度おわかりいただけるのではないでしょうか。本書では**厳選した思考力を試す文法問題も豊富に**扱っており、一筋縄ではいかない問題も含まれています。最初は大変かもしれませんが、じっくり取り組み、最新の読解・リスニング・英作文や会話問題にも通用する力をつけましょう！

手ごわい問題にもチャレンジして
実力をどんどん伸ばそう！

教えて！　土岐田先生

Q

**いろいろな単元が含まれる問題を
出題されるとわからなくなるのですが、
どうしたらいいですか？**

仮定法過去完了や仮定法現在など複数の単元で出題されると頭がこんがらがってしまいます。いろいろな単元が含まれる問題は混乱しがちなのですが、これは過去問などを何度も解けば慣れるのでしょうか。

A

本書の識別のテーマをしっかりマスターしよう！

最終的には過去問などで長文や応用問題を解くことも必要です。しかし、**最初は文法事項別にしっかりと攻略して、解くためにはどういう観点が必要なのかを押さえる**必要があります。例えば、仮定法では最終的には応用問題として時系列の識別が問われがちです。これを解くには、**仮定法過去は現在、仮定法過去完了は過去、混合型の仮定法は過去と現在が混在する内容を表す…など、時系列をきちんと把握することが解答を導く際に役立ちます。**こういったテーマは、入試問題をむやみやたらに解いてもなかなか身につくものではありません。

本書ではまず個別の知識を身につけ、その上でその分野の総合問題に挑戦してもらう講を設けています。１つ１つの文法知識を確実に身につけると同時に、様々な分野が登場する問題を俯瞰して解く力も身につけていきましょう。

教えて！　土岐田先生

Q

自分の英作文の解答が模範解答と違うときは、模範解答に内容を近づけるべきですか？

英作文の問題を解くと、自分の解答と模範解答との間にギャップがあります。なるべく自分の解答のよさを活かして実力アップしたいのですが、こうした場合は自分の解答をベースに、先生からの添削を受けてもよいのでしょうか。

A

添削よりも模範解答に近づける努力をすべきです。正確に英語で再現できるレベルを目指そう！

添削指導は塾や予備校などで人気のサービスの１つになっており、確かに使い方によっては有用です。

しかし、**独学で学ぶときには模範解答の英語の再現を目指すほうが効果的です。正答として見たことのある英語**（ネイティブが書いた英語や、模範解答で使われるレベルの適切な英語）を使うほうが、最終的には自然な英語習得に役立ちます。こうした表現を注意深く見ることを、僕は「**観察**」と呼んでいます。

僕自身、受験生のときに「観察」の時間を作っていた結果、最終的に添削を受けに行ったとしても修正箇所は限りなくゼロにすることができました。もちろん、添削から学べることもあるでしょう。しかし、模範解答の書き方から多くの気づきを得て、自分でどこを直すべきか理解する力がつくと、結果的には合格に近づく実力が養成されると思います。

教えて！　土岐田先生

Q

和訳問題では直訳すべきでしょうか、それとも意訳すべきでしょうか？

授業の解説などを聴いていると、直訳がよいという先生もいれば、意訳がよいという先生もいて、混乱しています。「なぜその和訳になるのか」がわからないときにもどうしたらいいかわからないので、直訳か意訳か選ぶ基準みたいなものがあれば教えてもらえると嬉しいです。

A

出題の意図を見抜き、それに沿った解答を作成しよう！

　直訳か意訳かという二項対立は、よく話題になります。**ですが基本方針は、「出題の意図を考えて、それに沿った解答を示す」ことにあるべきです。**

　例えば、if節のない仮定法などでは、訳す際に「条件」を理解できているかが出題の意図になってきます。例えばA wise man would not say such a thing.という文は主語に条件が隠されているパターンなので、「もし賢い人ならば、そんなことは言わないだろう」と意訳するのがお決まりです。大学の先生が出題した意図を考えると、助動詞の過去形のwouldから仮定法が含まれる文だと見抜き、主語に隠された条件を的確に表したこの意訳が最も「出題意図に沿う解答」といえるのです。

　他の例を挙げると、第５文型についてはmake O Cを「OをCにする」と直訳しても明確に文構造が伝わるので、これでOKです。一方で無生物主語のパターンになると、「SによってOがCになる」と意訳したほうが自然です。このように、**英文の正確な理解を示せる訳出方法を選ぶことが重要**なのです。

KOKOKARA DRILL SERIES
大学入試
TSUNAGERU

土岐田の ここから つなげる 英文法 ドリル

東進ハイスクール
土岐田健太

01講　文型の識別を使いこなそう！

文型の識別

▶ ここからつなげる 英語には基本5文型があります。英文を正しく理解するには、5文型を識別することが必要です。文型を識別できると、動詞の役割がわかるようになります。ここでは文型の全体像を学習し、英語を型で理解する方法をマスターしましょう。

考えてみよう

次の英文の文型を特定し、和訳しなさい。

The development of IT has made our life more convenient.　［高知大］

① 文型 ＿＿＿＿

② 和訳 ＿＿＿＿＿＿＿＿＿＿＿＿＿＿＿＿

手順1 主語(S)・動詞(V)・目的語(O)・補語(C)を考える

The development of IT (S) has made (V) our life (O) more convenient (C).

makeを見ると、すぐに第3文型の「～を作る」を連想してしまう人も多いと思います。しかし、この英文の文型は**第5文型**が正解です。our life = more convenientの関係があります。目的語と補語がイコール関係になるときは第5文型になるのです。ちなみに、has madeのように現在完了が使われると、過去から現在までその影響が及ぶことを表します。

手順2 型に当てはめて和訳する

makeの場合はすべての文型(第1文型～第5文型)を取れるため、その文型に応じて適切な解釈が必要になります。第5文型のときのmakeは、make O C「OをCにする」のパターンです。つまり、この文の意味は「ITの発達が我々の生活をより便利にした」となります。

また、目的語と補語の間には主語と述語の関係があります。意味を取るときにもour life is more convenient「私たちの人生はより便利だ」という関係を見抜くことが大切です。

「私たちの生活がより便利になった」

The development of IT (S) has made (V) our life (O) more convenient (C).

まず、英語では「OをCにする」と直訳できればOKですから、この型を徹底的に頭に入れていきましょう。第5文型のmakeのパターンが頭に入ると、他にも応用が利きますから、まずは優先的にmakeをマスターしていきます。

考えてみようの解答
① 第5文型
② ITの発達が我々の生活をより便利にした。／ITの発達によって、我々の生活はより便利になった。

演習の解答 ➡ 別冊P.2

演習

1 次の英文の文型を特定し、和訳しなさい。

① This book makes you smart.

② This computer makes your life more comfortable.

③ I made some cookies for my boyfriend.

①文型	①和訳
②文型	②和訳
③文型	③和訳

2 次の和文の意味を表すように、(　　　)内の語(句)を並べ替えなさい。

① 昨日その知らせが彼のことを怒らせた。
(yesterday / upset / him / the news / made).

____.

② ソーシャル・メディアの発達がコミュニケーションを容易にした。
(has / of / the development / communication / social media / made / easier).

____

____.

3 次の和文を英訳しなさい。

① この薬が僕を眠たくさせる。 HINT sleepy「眠たい」

____

② このドリル(workbook)が私を賢くする。

____

✔ CHECK
01講で学んだこと

□ 文の主語(S)・動詞(V)・目的語(O)・補語(C)を見つける
□ 目的語と補語がイコール関係になるときは第5文型
□ make O Cで「OをCにする」

02講　第1文型は往来発着系・存在系の動詞と相性がよい

第1文型の活用

▶ここからつなげる 第1文型は往来発着系や存在系の意味を表す動詞と相性がよいです。前置詞と一緒に熟語として覚えることも大切なので、チェックしていきましょう。ここで扱うのは、方向のtoやfor、空間のinと平面の接触onが中心です。

考えてみよう

次の英文の文型を特定し、和訳しなさい。

My brother left for Tokyo yesterday.

① 文型

② 和訳 ＿＿＿＿＿＿＿＿＿＿＿＿＿＿＿＿＿＿＿＿

手順1 文の構造を考える

My brother left for Tokyo yesterday.
　S　　　V　　M　　　M

leaveは第3文型の「～を置き忘れる」で使えます。しかし、この英文では前置詞のforを伴い、**第1文型**になっています。またこの文は**往来発着系の動詞**(行く／来る／出発する／到着する)を使うパターンに当てはまります。第1文型で使うleave for ～は「～に向けて出発する」の意味です。

手順2 前置詞のニュアンスをつかむ

for Tokyoのような前置詞＋名詞は**副詞句**を作ります。この副詞句は動詞を修飾します。文型で使われるM(Modifier)という記号は修飾語のことです。forのニュアンスは「～に向けて」なので、後ろには目的地が入ります。電車のアナウンスで流れるfor Tokyoは「東京行き」なので、押さえておきましょう。

My brother left for Tokyo yesterday.
　S　　　V　　M　　　M

なお、往来発着系・存在系の動詞と前置詞の組み合わせは以下のようなものがあります。

leave for ～	「～に向けて出発する」	return to ～	「～に戻る」
make for ～	「～に向かう」	move to ～	「～に引っ越す」
head for ～	「～に向かう」	get to ～	「～に到着する」

考えてみようの解答　① 第1文型
② 私の兄〔弟〕は昨日東京に向けて出発した。

演習

1 次の英文の文型を特定し、和訳しなさい。

① My sister left for Osaka last week.

② I moved to this town ten years ago.

③ My girlfriend returned to Australia last year.

①文型	①和訳
②文型	②和訳
③文型	③和訳

2 次の和文の意味を表すように、(　　　)内の語(句)を並べ替えなさい。

① 私の兄は3ヶ月前にロンドンに引っ越した。
(London / moved / three months ago / my brother / to).

＿＿＿＿＿＿＿＿＿＿＿＿＿＿＿＿.

② 私の彼氏は2年前北海道へ戻って行った。
(Hokkaido / to / two years ago / returned / my boyfriend).

＿＿＿＿＿＿＿＿＿＿＿＿＿＿＿＿.

③ 私が家に帰宅したとき、私の猫はソファに横になっていた。
(home, / on / I / my cat / when / was lying / the sofa / got).

＿＿＿＿＿＿＿＿＿＿＿＿＿＿＿＿.

3 次の和文を英訳しなさい。

① 私は5分前に駅に着いた。(getを用いて)

＿＿＿＿＿＿＿＿＿＿＿＿＿＿＿＿

② 私の母は飛行機でロサンゼルスへ出発した。

＿＿＿＿＿＿＿＿＿＿＿＿＿＿＿＿

HINT　Los Angeles「ロサンゼルス」

✔ CHECK
02講で学んだこと

☐ 第1文型は前置詞と一緒に捉えることも大切
☐ 前置詞の使い分けにも注意

03講　第3文型のカタマリ感覚をつかむ

第3文型の活用

▶ ここからつなげる　第3文型は英語でよく使う文型です。第3文型の動詞は後ろに目的語を取る特徴を持ち、主語と後ろに来る目的語にイコール関係がありません。動詞の後に来る目的語が「カタマリ(節)」になるパターンも含めてマスターしましょう。

考えてみよう

次の英文の文型を特定し、和訳しなさい。

I think that I left my glasses on the bus.

① 文型

② 和訳 ____________________

手順1　文型をカタマリレベルで理解する

I think [that I left my glasses on the bus].
S V O

こうした文は「私はthat以下と思う」と理解します。大きなカタマリで見れば目的語を伴う**第3文型**です。このthatが作るカタマリは**名詞節**(SVの構造で、かつ名詞のカタマリ)と言います。thatは省略されることも多いので、1つのカタマリとして理解することが大切です。この文が省略されると次のようになります。

I think 〈I left my glasses on the bus〉.
S V O

手順2　修飾語も押さえる

thatの中身もミニ第3文型です。

I left my glasses on the bus.
S V O M

このleaveには前置詞のforがついていません。つまり、**第3文型**の「**〜を置き忘れる**」の意味だとわかります。第3文型もSVOだけで完結するものだけではなく、その直後に修飾語を伴うこともあります。

今回はon the busがついているので、「バスに眼鏡を置き忘れた」と理解します。

考えてみようの解答
① 第3文型
② 私はバスに眼鏡を置き忘れたと思う。

演習の解答 ➡ 別冊P.4

演習

1 次の英文の文型を特定し、和訳しなさい。

① I left my purse in the car.

② My mother made some cookies for my daughter last Sunday.

③ I believe that most Americans are very friendly.

①文型	①和訳
②文型	②和訳
③文型	③和訳

2 次の和文の意味を表すように、(　　　)内の語(句)を並べ替えなさい。

① 私は彼が東大の教授だと推測する。
(the University of Tokyo / a professor / at / is / guess / he / I).

______________________________.

② 私は彼が家に遊びに来てくれたらいいなと願っている。
(my house / I / will / he / hope / come over to).

______________________________.

3 次の和文を英訳しなさい。

① 私は彼がその本の著者だと推測する。 HINT author「著者」

____

② 私はその本をバスに置き忘れたと思う。

____

③ 私は彼が今夜忙しいと思う。

____

✔ CHECK
03講で学んだこと

☐ 第3文型は後ろに目的語を取る
☐ カタマリを大きく節として捉える

04講　自動詞と他動詞の識別をしよう

自動詞と他動詞

▶ここからつなげる 他動詞は後ろに目的語を取る動詞のことを言います。一方、自動詞は後ろに目的語を取らない動詞のことです。両者は識別問題でも重要になる知識なので、ここでは、紛らわしく入試によく出る知識を扱います。

考えてみよう

次の和文を英訳しなさい。

私は先週祖父母を訪ねた。

____

手順1　主語と述語を決める

英作文をするときには主語と述語の決定が重要です。日本語にSとVを書き入れます。

私は(S)先週祖父母を訪ねた(V)。

手順2　自動詞と他動詞を識別する

「(～を)訪ねた」は他動詞のvisitを使います。**他動詞**とは後ろに目的語を取る動詞ですので、O(祖父母＝my grandparents)を続け、最後に時を表す副詞句のlast weekを添えます。

I(S) visited(V) my grandparents(O) last week(M).

このように、SVOの第3文型が完成します。なお、**自動詞**は後ろに目的語を取らない動詞のことを言います。例えば、graduate「卒業する」は後ろに目的語を取らず、「～を卒業する」と言う場合は前置詞のfromを伴います。自動詞は後ろに前置詞＋名詞を取ることが多いのです。
自動詞と誤りやすい他動詞は以下の表にまとめておきます。

- discuss the matter「問題を話し合う」
- visit Tokyo「東京を訪れる」
- answer the question「質問に答える」
- enter the room「部屋に入る」
- marry Mary「メアリーと結婚する」
- resemble my mother「母に似ている」

また、紛らわしい自動詞と他動詞の活用は次のとおりです。以下の活用は原形、過去形、過去分詞形の順に何度も声に出して覚えましょう。

- ㊂rise-rose-risen「上昇する」
- ㊀raise-raised-raised「～を挙げる」
- ㊂lie-lay-lain「横になる」
- ㊀lay-laid-laid「～を置く」

考えてみようの解答　I visited my grandparents last week.

演習の解答 ➡ 別冊P.5

演習

1 次の英文の文型を特定し、和訳しなさい。

① A lot of tourists visited Japan last year.

② I think you resemble your older brother. ［駒澤大］

③ This year we have reached an important milestone for our university. ［関西外国語大］

①文型	①和訳
②文型	②和訳
③文型	③和訳

2 次の和文の意味を表すように、(　　　)内の語(句)を並べ替えなさい。

① もし質問があれば手を挙げてください。
(have / your hand / you / raise / any questions / please / if).

______________________________.

② 太陽は東から昇り、西に沈む。
(in the east / sets / rises / the sun / and / in the west).

______________________________.

3 次の和文を英訳しなさい。

① 私は大学を2010年に卒業した。

____

② 私は2020年の11月24日に京都を訪れた。 「日本赤十字豊田看護大］

____

✔ CHECK
04講で学んだこと

- □ 他動詞は後ろに目的語を取る動詞
- □ 自動詞は後ろに目的語を取らない動詞
- □ 他動詞と自動詞の活用の識別を覚える

05講　授与動詞は第4文型の特徴

第4文型の活用1

▶ここからつなげる　第4文型は与える系の意味の授与動詞が使われがちです。意外な動詞が使われることもあり、正確な知識を得ることが重要になります。文法問題だけではなく、英文読解、リスニングでも役立つ知識を磨いていきましょう。

考えてみよう

次の英文の文型を特定し、和訳しなさい。また、第3文型に書き換えなさい。

My mother handed me a jacket.

① 文型

② 和訳 ____________________

③ 第3文型 ____________________

手順1 品詞を特定する

handは名詞の「手」の意味がまず浮かびますが、今回は主語の直後に動詞として使われています。handは動詞で使うと「手渡す」の意味です。

手順2 文型を特定する

動詞の後に名詞(句)が2つあり、me ≠ a jacketの関係なので、**第4文型**とわかります。hand人 物で「人に物を手渡す」の意味です。第4文型は授与動詞を使うことが多いです。

My mother (S) handed (V) me (O_1) a jacket (O_2).

第4文型の書き換えもよく問われます。例えば、この第4文型を第3文型に書き換えると次のようになります。2人の間で行うことが前提となる動詞の場合、原則toがつきます。

My mother (S) handed (V) a jacket (O) to me (M).

なお、第3文型に書き換えるとき、buy「買う」など1人でも行える行為は、他の人のためを思ってすると考えてfor「～のために」を使います。askの場合はofを使うので要チェックです。

- give人 物「人に物を与える」
- teach 人 物「人に物を教える」
- lend 人 物「人に物を貸す」
- write 人 物「人に物を書く」
- show 人 物「人に物を見せる」
- tell 人 物「人に物を言う」
- pass人 物「人に物を手渡す」
- offer 人 物「人に物を提供する」

考えてみようの解答　① 第4文型　② 私の母は私にジャケットを手渡した。　③ My mother handed a jacket to me.

演習の解答 ➡ 別冊P.6

演習

1 次の各文の(　　　)に入る最も適切な語(句)を、下の㋐～㋓から1つ選びなさい。

① The students were so impressed by the speaker's talk that they (　　　) her a round of applause. ［広島修道大］

㋐ took　㋑ got　㋒ gave　㋓ had

①

② I bought some beautiful flowers (　　　) my mother yesterday. ［摂南大］

㋐ for　㋑ to　㋒ of　㋓ by

②

2 次の和文の意味を表すように、(　　　)内の語(句)を並べ替えなさい。

① 彼女は私にそれを手渡した。
(me / it / handed / she / to).

____.

② 塩を回していただけませんか。
(the salt / you / me / could / pass)?

____?

③ とても親切な女性が私に警察署への道順を教えてくれた。 ［日本獣医生命科学大］
(directions / the police station / very / me / woman / gave / to / a / helpful).

____.

3 次の和文を英訳しなさい。

① 彼は私に興味深い話をしてくれた。

____

② 彼は彼のカードのコレクションを私に見せてくれた。

____

✓ CHECK
05講で学んだこと

- □ 第4文型は授与動詞が特徴
- □ 第4文型→第3文型の書き換えでは二者間で行うことはtoが原則
- □ buyなど1人でも行える行為はforで書き換える

06講　第4文型の意外な意味になる動詞

第4文型の活用 2

▶ここからつなげる 第4文型は時間やお金がかかるという意味になる動詞とも相性がよいです。時間・労力・お金・恩義などに関する動詞が使われる第4文型をチェックしていきましょう。与えるの裏の意味の「必要とする／取る」の意味になるパターンです。

考えてみよう

次の和文を英訳しなさい。

ここに来るのに1時間かかった。

手順1 便利な形式主語itを主語に立て、第4文型を使う

「時間がかかる」と言うときにはtake 人 時間「人に時間がかかる」を使います。ここでは時間がかかると述べるためにitを主語に立て、It took me one hourとします。このようにSVO_1O_2の**第4文型**では、「必要とする／取る」の意味になることも多いです。

It took me one hour ～.
S V O_1 O_2

手順2 不定詞のto＋動詞の原形で補足する

「ここに来るのに」の情報をつけ足すために、〈**to＋動詞の原形**〉を補足でつけ加えます。最後にto come hereをつければ完成です。

It took me one hour [to come here].
S V O_1 O_2

最初に使ったitが形式主語で、to以下が真の主語だと理解すればOKです。

第4文型の意外な意味になる動詞には、以下のようなものがあります。

- take 人 時間「人に時間がかかる」
- save 人 手間「人の手間を省く」
- owe 人 物「人に物を借りている」
- cost 人 お金「人にお金がかかる」
- deny 人 物「人に物を与えない」

cost 人 命「人の命を犠牲にする」も難関校では狙われます。例えば、次のように使われます。

The accident cost the truck driver his life.　訳 事故でそのトラック運転手は命を落とした。
S V O_1 O_2

 考えてみようの解答　It took me one[an] hour to come[get] here.

演習の解答 ➡ 別冊P.7

演習

1 次の各文の(　　　)に入る最も適切な語(句)を、下のア～エから1つ選びなさい。

① It took me (　　　) to get here. ［白百合女子大］

ア three hours　　イ for three hours　　ウ three-hour time　　エ to three hours

①

② I (　　　) what I am today to my father's words. ［法政大］

ア owe　　イ thank　　ウ am thankful　　エ debt

②

2 次の和文の意味を表すように、(　　　)内の語(句)を並べ替えなさい。

① 彼の論文を校正するのに丸一日かかった。 ［成城大］

It (　　　) (　　　) all day (　　　) (　　　) (　　　) (　　　).

(proofread / paper / me / took / to / his)

It ________________ all day ________________________________.

② この洗濯機を使えば、たくさんの水と電力を節約できます。 ［専修大］

This (　　　) (　　　) will (　　　) (　　　) a (　　　) of (　　　) and (　　　).

(you / machine / water / electricity / washing / lot / save)

This ________________ will ________________ a ____________ of

________________ and ________________.

3 次の和文を英訳しなさい。

① 時差ぼけから回復するのに1週間かかった。

____

HINT jet lag「時差ぼけ」

② この本を買うのに千円かかった。(costを使って)

____

✔ CHECK 06講で学んだこと

- □ 第4文型の「必要とする／取る系」のパターンに注意
- □ 〈to＋動詞の原形〉を補足でつけ加えることもある

07講　第5文型は英語の要の文型

第5文型の活用1

▶ ここからつなげる 第5文型は読解、リスニング、英作文や会話など、すべてにおいて最重要事項です。どのように出題されるのかも含めて確認し、じっくり解く力・使いこなす力につなげていきましょう。

考えてみよう

文の下線部の意味に最も近い語句を、下の㋐～㋓から1つ選びなさい。［駒澤大］

His behavior drove me crazy.

㋐ made me avoid the wrong way　㋑ made me no different
㋒ made me relaxed　㋓ made me upset

手順1 下線部の文型をつかむ

この英文に文型をつけてみると、me = crazyの関係を作るSVOCの**第5文型**とわかります。**drive O C**は「**OをCにする**」の意味です。driveは「運転する」の意味が有名ですが、目的語の後に強い感情の揺れに関する形容詞であるcrazy / mad / insane「狂っている」を伴うことがあります。その場合、「(感情を動かして)OをCにする」の意味です。

His behavior drove me crazy.
S　V　O　C

直訳すれば、「彼の行動が私をおかしくさせた」→言い換えると「彼の行動が私を怒らせた」の意味です。

手順2 選択肢の文型と意味をつかむ

選択肢の意味を整理します。
㋐ made me avoid the wrong way　「誤った方法を避けるようにさせた」　make O C(動詞の原形)
㋑ made me no different　「私を何ら変わらないものにした」　make O C
㋒ made me relaxed　「私をリラックスさせた」　make O C (p.p.)
㋓ made me upset　「私を怒らせた」　make O C

すべて、make O Cの第5文型ですが、crazyの言い換えとして正しいのはupsetのみです。どちらも感情を強く動かされたことを表すため、正解は㋓となります。

文脈によってupsetは「動揺した／怒った」のどちらにもなり得るので、しっかりとチェックすることが重要です。

考えてみようの解答　㋓　(訳 彼の行動が私を怒らせた)

演 習

1 次の各文の（　　）に入る最も適切な語(句)を、下のア～エから1つ選びなさい。

① Now we really need to (　　) our hands clean. ［武蔵野大］

ア keep　イ discuss　ウ run　エ give

①

② Technology cannot (　　) the world a better place all the time. ［沖縄県立入試］

ア give　イ take　ウ make　エ create

②

2 次の英文を和訳しなさい。

① Getting lost made me angry, but I didn't show it. ［京都産業大］

② They found it difficult to maintain friendships. ［金沢医科大］

3 次の文の（　　）に入る最も適切な語(句)を、下のア～エから1つ選びなさい。

That movie was (　　). It was very violent and gross.

ア magical　イ rarely played　ウ driving me crazy　エ a pleasant surprise

✔ CHECK 07講で学んだこと

- ☐ 第5文型のSVOCは「OをCにする」の意味になる
- ☐ drive O Cの補語には強い感情の揺れに関する形容詞が来る

08講　第5文型は英文読解とリスニングで役立つ
第5文型の活用 2

▶ ここからつなげる 第5文型は英語を読むときや聞くときにも役立ちます。その大きな要素の1つが因果関係です。主語が原因でOCのところに結果が来るパターンが英語の理解ではきわめて重要なので、しっかり身につけていきましょう。

考えてみよう

次の英文の文型を特定し、和訳しなさい。　［四天王寺大］

Her words made me really happy.

① 文型 ［　　　　　　］

② 和訳 ＿＿＿＿＿＿＿＿＿＿＿＿＿＿＿＿

手順1 文型をつかむ

Her words made me really happy.
S　V　O　M　C

makeは第1～5文型のすべての文型を取りますが、問題として狙われるのはリスニングでもリーディングでもSVOCのパターンが圧倒的に多いです。

make O Cなので、直訳は「**OをCにする**」と訳します。今回はreallyが副詞であり、補語の形容詞happyを修飾しています。

手順2 因果関係に注目する

「彼女の言葉が私を本当に幸せにした」でもOKですが、読解やリスニングでは**因果関係**がポイントになります。

原因：Her words　結果：made me really happy.

Her words made me really happy.
S　V　O　M　C

主語は「Sによって」と訳します。OとCの間には主語と述語の関係があるというルールから、「**Sによって、OがCになる**」と訳します。ここまでは**01講**とほぼ同じですが、プラスの文脈であれば「**おかげで**」と訳すことができ、マイナスの文脈であれば「**せいで**」と解釈できます。

今回はプラスの文脈なので、「～のおかげで」と理解すると自然です。

考えてみようの解答
① 第5文型
② 彼女の言葉のおかげで、私は本当に嬉しくなった。

演習の解答 ➡ 別冊P.8

演習

1 次の和文の意味を表すように、(　　　)内の語(句)を並べ替えなさい。 ［駒澤大］

① 彼女の3歳の娘は、警察官を見ただけで怖がった。
The (　　　) (　　　) of a police officer (　　　) her 3-year-old daughter (　　　).
(made / sight / scared / mere)

The ________________ of a police officer ________ her 3-year-old daughter ________.

② トミオは先月新しい部門の長に指名された。
Last month Tomio was (　　　) (　　　) (　　　) the (　　　).
(manager / named / of / new department)

Last month Tomio was ______________________________ the ____________________.

2 次の英文を和訳しなさい。

① What made you so upset with my e-mail? ［センター試験］

____

② "Early to bed, early to rise makes a man healthy, wealthy, and wise." ［共通テスト］

____

3 次の英文の下線部と、動詞の使い方が文法的かつ意味的に同じものを、下の㋐〜㋓から1つ選びなさい。 ［上智大］

Its beautiful beaches <u>make</u> this a highly popular area with tourists.

㋐ He <u>made</u> his son a toy horse, using some straw and bamboo twigs.

㋑ Constant arguing doesn't <u>make</u> for a happy marriage.

㋒ Her common sense <u>made</u> her an excellent nurse.

㋓ This room would <u>make</u> a comfortable office.

✔ CHECK
08講で学んだこと

☐ 第5文型のOとCの間には主語と述語の関係がある
☐ 第5文型では因果関係にも注目

09講　第5文型の語法は目的語との関係がカギ

語法の活用

ここからつなげる 第5文型と類似するパターンの語法は要チェックです。文法問題だけではなく、英作文や長文でも得点源になります。第5文型の類似語法では目的語と補語の間の関係を見抜くことが大切です。

考えてみよう

次の文の（　　）に入る最も適切な語(句)を、下の㋐～㋓から1つ選びなさい。［金沢工業大］

My brother (　　) me to use his laptop computer to write my paper.

㋐ allow　㋑ allowed　㋒ has allowing　㋓ is allowed

手順1 語法の形を見抜く

空所の部分には、主語の直後なので動詞が入るとわかります。なお、(　　) me to useの形を取ることから、使う語法は**SVO to ＋動詞の原形**の形とわかります。これは第5文型と類似するパターンの語法で、Oと〈to ＋動詞の原形〉の間には主語と述語の関係があります。

<u>My brother</u> (<u>　　</u>) <u>me</u> to use his laptop computer to write my paper.
S　V　O

手順2 時制にも気を配る

時制にも気をつける必要があります。㋒ has + Vingの形、㋓ is + p.p.の受動態を使うと、それぞれ文法的に誤りになってしまいます。㋐と㋑に絞り込めますが、㋐はmy brotherが主語の場合、三単現のsが必要です。そこで正解は㋑**allowed**になります。

My brother <u>allowed</u> me to use his laptop computer to write my paper.

〈**allow O to ＋動詞の原形**〉の語法は「Oが～することを許可する／できるようにする」の意味です。和訳すると、「私の兄〔弟〕は私がレポートを書くためにノートパソコンを使えるようにしてくれた」となります。to write my paperは不定詞の副詞的用法「～するために」で、「レポートを書くために」の意味です。なお、注意が必要な第5文型の類似の語法には、以下のようなものがあります。

- 〈enable O to ＋動詞の原形〉「Oが～できるようにする」
- 〈allow O to ＋動詞の原形〉「Oが～できるようにする」
- 〈encourage O to ＋動詞の原形〉「Oが～するよう奨励する」
- 〈get O p.p.〉「Oを～される」

考えてみよう の解答　㋑　（訳 私の兄〔弟〕は私がレポートを書くためにノートパソコンを使えるようにしてくれた）

演習

1 次の各文の(　　　)に入る最も適切な語(句)を、下のア～エから1つ選びなさい。

① I have to get my car (　　　) before my son comes back from Singapore. [東邦大]
ア repair　イ repaired　ウ being repaired　エ repairing

①

② The scholarship will enable my daughter (　　　) to college. [芝浦工業大]
ア goes　イ going　ウ go　エ to go

②

2 次の和文の意味を表すように、(　　　)内の語(句)を並べ替えなさい。

① この雑誌を読めば、世界史を理解できるようになるだろう。 [埼玉医科大]
This magazine will (an / enable / gain / to / understanding / you) of world history.

This magazine will ＿＿＿＿＿＿＿＿＿＿＿＿＿＿＿＿ of world history.

② 出国する前に必ずパスポートを更新しておいてください。 [成蹊大]
It is necessary that you (before / get / leave / passport / renewed / should / you / your) the country.

It is necessary that you ＿＿＿＿＿＿＿＿＿＿＿＿＿＿＿＿＿＿＿＿

＿＿＿＿＿＿＿＿＿＿＿＿＿＿＿＿＿＿＿＿＿＿＿＿ the country.

3 次の和文を英訳しなさい。

この本を読めば、私たちはその国のことがよりよく理解できるだろう。 [高知大]

＿＿＿＿＿＿＿＿＿＿＿＿＿＿＿＿＿＿＿＿＿＿＿＿＿＿＿＿

✔ CHECK
09講で学んだこと

- ☐ SVO to＋動詞の原形は第5文型の類似語法
- ☐ Oと〈to＋動詞の原形〉の間には主語と述語の関係がある

10講　文型をあらゆる角度から見抜こう

基本5文型の総演習

▶ここからつなげる 基本5文型は応用問題としてよく出題されます。どんなパターンが来ても見抜けるように実践的な演習をしてみましょう。これまで学んだ文型の各要素を複眼的に問う問題を通して、応用力をつけていきます。

考えてみよう

次の英文の下線部と、動詞の使い方が文法的かつ意味的に同じものを、下のㇰ～エから1つ選びなさい。［上智大］

It's not hard to get her talking – the problem is stopping her!

ア I'm trying to get this article finished for Thursday's newspaper.
イ She's gone down to the corner shop to get some milk.
ウ He gets really upset if you mention his baldness.
エ When she got to her room, she opened the door and stood there with her eyes closed.

手順1 下線部の動詞の使い方を分析する

文型の知識を総動員することが求められる問題です。まず、ターゲットになる英文の動詞の使われ方を特定します。この英文ではto以下の文型を取る必要があるので要注意です。

It's not hard to get her talking
（get = V、her = O（S'）、talking = C（V'））

herとtalkingの間にはshe is talkingの関係が隠れています。これはOとCの間には主語と述語の関係があるというルールです。**第5文型**のgetを使う選択肢を探します。

手順2 getの文型を分析する

イはget some milkなので、**第3文型**の使い方です。ウはHe = upsetの関係なので、補語を取る**第2文型**になります。エはget to ～「～に到着する」なので、往来発着系の**第1文型**とわかります。正解はアです。this articleとfinishedにはO = Cの関係があります。

I'm trying to get this article finished for Thursday's newspaper.
（I = S、'm trying to get = V、this article = O、finished = C）

「この記事」＝「終えられている」の関係です。まさに、5文型の真髄を問う問題でした。このように、OとCの主従関係から文型を見抜くことが求められる問題は多く出題され、極めて重要です。

考えてみようの解答　ア
彼女に話をさせることは難しくない。問題は彼女を止めることだ！
訳 ア 木曜日の新聞のために私はこの記事を書き終えようとしている。　イ 彼女は牛乳を買うために角の店に行った。
ウ 彼はハゲ頭について触れられると本当に怒る。　エ 彼女は部屋に着くと、ドアを開けて目を閉じたままそこに立っていた。

演習の解答 ➡ 別冊P.10

演習

1 次の各文の(　　　)に入る最も適切な語(句)を、下のア～エから1つ選びなさい。

① What (　　　) to study abroad? ［駒澤大］

ア did you make decide　　イ made you decide
ウ made you deciding　　エ was made you decide

①

② The curtain for Act III of the opera was finally (　　　). ［立命館大］

ア raise　　イ raised　　ウ rise　　エ risen

②

2 次の和文の意味を表すように、(　　　)内の語(句)を並べ替えなさい。

① 長期滞在により、宣伝用映画製作に必要なカナダ文化の広い像を築くことができた。 ［駒澤大］

My long (build / stay / me / to / enabled) a broad picture of Canadian culture, which was necessary to make a promotional film.

My long ______________________________ a broad picture of Canadian culture, which was necessary to make a promotional film.

② 私は明日歯を歯医者で抜いてもらう予定だ。
I (pulled out / have / will / my tooth) at the dentist's tomorrow.

I ______________________________ at the dentist's tomorrow.

3 次の英文の下線部と、動詞の使い方が文法的かつ意味的に同じものを、下のア～エから1つ選びなさい。 ［上智大］

In his will, he <u>left</u> all his children a small sum of money.

ア He <u>left</u> his wife a young widow and his two sons fatherless.

イ He has <u>left</u> his wife, and that's all for the best.

ウ He <u>left</u> his wife and family considerable assets.

エ Buses for Mt. Fuji <u>leave</u> Tokyo Station every hour.

✔ CHECK
10講で学んだこと

☐ 文型識別では動詞の使い方を分析することも大切
☐ OとCの間の主述関係から見抜く問題が多い

11講　各品詞の識別は文のどこに置かれるかで判断する

品詞の識別

▶ここからつなげる　品詞は文のどこに置かれるかで決まります。品詞の識別が英語のカタマリを理解する上でも重要になるため、文型と共に英語の読解、リスニング、英作文、会話のすべてにおいて役立ちます。しっかりと品詞分解の力を磨いていきましょう。

考えてみよう

次の文の(　　　)に入る最も適切な語(句)を、下の㋐〜㋓から1つ選びなさい。　[関西学院大]

(　　　) the houses in this area were built after the earthquake in 2011.

㋐ Almost　㋑ Most　㋒ Almost all　㋓ Some

手順1　品詞の識別をする

品詞の識別は英語の基礎力として大変重要です。品詞は文のどこに置かれるかで識別しましょう。例えば、この問題ではthe housesという名詞の要素があります。述語のwere builtから主語がthe housesとわかるので、この主語が空所とどのようにつながっているかがポイントです。

手順2　almostは副詞なので、名詞にはかからないことに注意

㋑ Mostはtheを後ろにつけることができず、most of the houses「ほとんどの住宅」としなくてはいけません。㋓ Someも同様にofが必要です。事実上、㋐ Almostか㋒ Almost allの識別問題と言えます。ここで、重要なのが品詞の役割です。**almost**は**副詞**なので、動詞や形容詞を修飾します。以下は**動詞**を修飾する例です。

例文　I was almost run over by a car yesterday.
訳 私は昨日もう少しで車にひかれるところだった。
almostはall + most「ほとんどすべて」≒「ちょっと足りない」イメージ

次に**形容詞**を修飾する例です。

例文　Almost all the students in the class have a laptop.
訳 クラスのほぼすべての生徒がノートパソコンを持っている。

ここではallにかかっていると考えるのが適切です。

Almost all the houses [in this area] were built (after the earthquake) (in 2011).
S　V　M　M

考えてみようの解答　㋒　(訳 この地域のほぼすべての住宅は2011年の震災後に建てられた。)

演習

1 次の下線部の英単語の品詞と意味を書きなさい。

① a lovely girl

② He works remotely.

③ A: How are you? B: Pretty good!

①品詞	①意味	②品詞	②意味
③品詞	③意味		

2 次の英文を和訳しなさい。

① She is a pretty girl.

② It was a face-to-face interview.

③ Almost every village now has a primary school. ［兵庫県立大］

HINT a primary school「小学校」

④ My boyfriend texted he'd arrive at one o'clock. ［東京大］

HINT he'dはhe wouldの短縮形

3 次の各文の（　　）に入る最も適切な語（句）を、下のㇵ〜ㇷから1つ選びなさい。

① This is a very popular restaurant, so (　　) the seats are always reserved. ［愛知学院大］
㋐ almost　㋑ almost all　㋒ each　㋓ the most of

①

② This technology is (　　) used for research and informational purposes only. ［青山学院大］
㋐ lonely　㋑ currently　㋒ friendly　㋓ ugly

②

✔ CHECK
11講で学んだこと

☐ 各品詞はどこに置かれるかで識別する
☐ almostは動詞や形容詞を修飾する

12講　名詞と動詞の役割を見抜く

紛らわしい名詞と動詞の識別

▶ ここからつなげる　文のどこに置かれるかによって、品詞の役割が決まります。同じ単語でも文の中における位置によって、品詞の意味に注意する必要があります。face / challenge / matter など、頻出知識を攻略しましょう。

考えてみよう

次の下線部の英単語の品詞と意味を書きなさい。

Today, society ①<u>faces</u> many ②<u>challenges</u>.　［大阪医科大］

① 品詞 ＿＿＿＿　意味 ＿＿＿＿

② 品詞 ＿＿＿＿　意味 ＿＿＿＿

手順1 主語と述語をつかむ

まずは主語と述語を把握します。society が**主語**なので、次に来る faces は三単現の s がついた**述語**です。名詞の face は「顔」ですが、動詞で使う face は「**〜に直面する**」の意味があります。

Today, society faces 〜.
　　　S　　V

訳 今日、社会は〜に直面している。

手順2 形容詞と名詞をつかむ

次に、many challenges については、修飾関係が重要です。many が形容詞なので、これが修飾する challenges は名詞とわかります。challenge は多義語ですが、品詞によって意味を特定することができます。名詞の場合は日本語だと「挑戦」の意味を連想する人が多いですが、実際には「**課題**」という意味で使います。

Today,	society	faces	many	challenges.
副詞	名詞	動詞	形容詞	名詞

なお、challenge は**動詞**で使うと「〜に異議申し立てをする」→「**〜に反論する**」くらいの意味で使います。テニスや野球の試合で「チャレンジ」と言えば、審判のジャッジに異論があることを選手が伝えることができます。「反論する」は身近なところでも使われているのです。
このように、文のどこに置かれるかで品詞の役割は決まります。普段から辞書を引く前に品詞を確認する習慣をつけ、英単語の意味を瞬時につかめるようにしていきましょう。

考えてみようの解答　① 品詞 動詞　意味 (〜に)直面する　② 品詞 名詞　意味 課題　(訳 今日、社会は多くの課題に直面している。)

演習

1 次の下線部の英単語の品詞と意味を書きなさい。

① It is a matter of time.

② Wealth matters.

③ She is facing many problems.

④ Juliet has a pretty face.

①品詞	①意味	②品詞	②意味
③品詞	③意味	④品詞	④意味

2 次の下線部の英単語の品詞と意味を書きなさい。

① This situation will not last.

② She was the last of the runners.

③ It is the land of equal opportunity.

④ Neil Armstrong was the first person to land on the moon.

⑤ Climate change is affecting the planet.

①品詞	①意味	②品詞	②意味
③品詞	③意味	④品詞	④意味
⑤品詞	⑤意味		

3 次の各文の(　　　)に入る最も適切な語(句)を、下の㋐～㋔から1つ選びなさい。 [成城大]

① He was trying to (　　　) why the machine wasn't working properly.

㋐ figure out　㋑ look out　㋒ put out　㋓ think up　㋔ work up

①

② It was rather hot last summer; in fact I was suffering from the (　　　) of hot weather all the time during the vacation.

㋐ affairs　㋑ affects　㋒ affections　㋓ effects　㋔ effective

②

CHECK
12講で学んだこと

□ 品詞の識別では、まず主語と述語をワンセットでつかむ
□ 形容詞は名詞を修飾する
□ challengeなどの多義語は、まず品詞を要チェック

13講　形容詞と副詞の役割を見抜く

紛らわしい形容詞と副詞の識別

▶ここからつなげる 形容詞と副詞では、同じスペリングの単語が存在しています。識別法はどこに置かれるかなので、要注意です。hard / early / fastなど基本的な単語が多いので、文の中でどのように使われているか観察する力を磨いていきましょう。

考えてみよう

次の下線部の英単語の品詞と意味を書きなさい。　［共立女子大］

I was very sleepy and went to bed early.

① 品詞 [　　　　]　② 意味 [　　　　]

手順1 文型をつかむ

まずは文型をつかむために、主語と述語を把握します。ここでは、be動詞がS＝Cのイコール関係を作る第2文型です。なお、Cに来れる品詞は**形容詞**か**名詞**になっています。be動詞は「存在する」の意味になることもありますが、その場合は直後に副詞や前置詞＋名詞を伴います。

I was very sleepy ～.
S V C

手順2 修飾関係をつかむ

veryの役割は**強調**で、**副詞**です。副詞が修飾するのは形容詞や副詞、動詞などなので、このsleepyは「眠たい」という意味の**形容詞**だとわかります。
以下のような紛らわしい形容詞と副詞は置かれる場所で識別しましょう。

形容詞	副詞
hard「固い」「一生懸命な」 early「早い」 fast「速い」	hard「一生懸命に」 early「早く」 fast「速く」

例文

He is a hard worker.　形容詞として名詞のworkerを修飾
訳 彼は熱心な働き者だ。
He works hard.　副詞として動詞のworksを修飾
訳 彼は懸命に働く。

 考えてみようの解答　①形容詞　②眠たい　（訳 私はとても眠たかったので、早く寝た。）

演習の解答 ➡ 別冊P.13

演習

1 次の下線部の英単語の品詞と意味を書きなさい。

① My roommate is very <u>friendly</u>.　② He is an <u>early</u> riser.

③ She gets up <u>early</u> in the morning.　④ My girlfriend is <u>lovely</u>.

①品詞	①意味	②品詞	②意味
③品詞	③意味	④品詞	④意味

2 次の下線部の英単語の品詞と意味を書きなさい。

① Ms. Okamoto is a <u>good</u> teacher.

② I know Mr. Yagyu <u>well</u>.

③ Mr. Ogura is a <u>hard</u> worker.

④ Ms. Takayama works very <u>hard</u>.

⑤ Mr. Tokita walks <u>fast</u>.

①品詞	①意味	②品詞	②意味
③品詞	③意味	④品詞	④意味
⑤品詞	⑤意味		

3 次の英文の下線部で間違っている箇所を㋐〜㋓の中から1つずつ選び、正しく直しなさい。

① Japanese, Indian, and Greek food are ㋐<u>just</u> three of the ㋑<u>popular kinds of cuisine</u> in London ㋒<u>that</u> taste extremely ㋓<u>well</u>.　［青山学院大］

①記号	①訂正

② In my ㋐<u>opinion</u>, it is highly ㋑<u>unlike</u> that digital books will ㋒<u>ever</u> entirely replace printed ㋓<u>books</u>.　［学習院大］

②記号	②訂正

✔ CHECK 13講で学んだこと

□ 紛らわしい形容詞と副詞は置かれる場所で識別する
□ 副詞は形容詞、副詞、動詞などを修飾する

14講　文全体を修飾する副詞の役割を知る

文全体を修飾する副詞

▶ここからつなげる 副詞を身につけると、大きな武器になります。文全体を修飾する副詞は文頭に来るため、識別は簡単です。文全体にかかる修飾関係を見抜ければ、筆者の主張の力点や強調したい情報のメリハリがつかめます。しっかり身につけましょう。

考えてみよう

次の下線部の英単語の品詞と意味を書きなさい。

Fortunately, I was admitted to the University of Chicago back in 2022.

① 品詞 [　　　　]

② 意味 [　　　　]

手順1 文頭につく〈-ly＋カンマ(,)〉で文修飾の副詞を識別する

副詞は語順の自由度が高いです。その中でも文頭に来るものは筆者の強調したい内容や、読者や聞き手の注意を喚起したい内容が入ります。

Fortunately, [I was admitted to the University of Chicago back in 2022].

訳 幸運なことに、私は2022年にシカゴ大学に入学を許可された。

文頭に来る副詞は、-lyのつくものが多く、筆者の考え方の論理的な旗印や文全体にかかる感情の目印として使われます。

手順2 文全体にかかる副詞を整理する

文全体にかかるという特徴から、使われる副詞もパターンは限られています。よく狙われるものを中心に整理しておきましょう。評論文読解のキーである**論理的な内容を示す副詞**と物語文の読解で役立つ**感情を示す副詞**が中心です。

文頭に来る論理的な内容を示す副詞		文頭に来る感情を示す副詞	
consequently	「結果として」	surprisingly	「驚くべきことに」
thus	「このようにして」	interestingly	「興味深いことに」
therefore	「したがって」	fortunately	「幸運なことに」
generally	「一般的に」	unfortunately	「残念ながら」
nevertheless	「それにもかかわらず」	unexpectedly	「思いがけず」

考えてみよう の解答　① 副詞　② 幸運なことに　(訳 幸運なことに、私は2022年にシカゴ大学に入学を許可された。)

演習の解答 ➡ 別冊P.14

演習

1 次の下線部の英単語の品詞と意味を書きなさい。

① Interestingly, I met him again on campus.

② Fortunately, nothing terrible happened.

③ Surprisingly, my boyfriend got a full score on the test.

①品詞	①意味	②品詞	②意味
③品詞	③意味		

2 次の英文を和訳しなさい。

① Generally, hard work pays off.

HINT pay off「報われる」

② Unfortunately, I dropped my ice cream.

③ She didn't go to the party. Apparently, his words made her upset.

HINT apparently「どうやら〜らしい」

3 次の各文の(　　　)に入る最も適切な語(句)を、下の㋐〜㋓から1つ選びなさい。

① The same problem occurred three times. (　　　), we had to suspend the plan. ［中部大］

㋐ Apparently　㋑ Consequently　㋒ Fortunately　㋓ Generally

HINT suspend「〜を一時的にやめる」

①

② Singapore has few natural resources. (　　　), it has managed to develop a strong economy and become a popular tourist destination. ［南山大］

㋐ Nevertheless　㋑ Similarly　㋒ Therefore　㋓ Besides

HINT 前後の論理関係に着目する

②

✔ CHECK
14講で学んだこと

□ 文頭に来る副詞は文全体を修飾する
□ 文頭に来る副詞は論理的な内容や感情を示す

15講　前置詞の使い方をマスターする

紛らわしい前置詞の識別

▶ここからつなげる 前置詞は場面に応じて使い分けがあります。どのような句で使われるか学びましょう。さらにonやinの識別のように個別の知識も重要です。問題を解きながら、識別のポイントをつかんでいきましょう。

考えてみよう

次の文の(　　　)に入る最も適切な語(句)を、下の㋐〜㋓から1つ選びなさい。［青山学院大］

In light of Covid-19, the office will be closed to the public (　　　) further notice.

㋐ by　㋑ in　㋒ until　㋓ since

手順1 意味をつかむ

前置詞は識別が特に重要です。さらに、前置詞の問題は識別の際に、英文の意味をしっかりと確認しなくてはいけません。

In light of Covid-19, the office will be **closed to the public** (　　　) **further notice.**
訳 新型コロナに鑑みて、役所はさらなるお知らせが(　　　)閉鎖される予定です。

手順2 by と until を識別する

前置詞は意味だけではなく、**使い分け**まで押さえる必要があります。この問題で重要なのが、期限のby「〜までに」と継続のuntil「〜までずっと」の区別です。byの場合は**締め切り日**が示されますが、untilの場合はstay「ずっといる」やwait「待つ」など動詞が**継続的な性質**を持ちます。

by「(期限)〜まで」	until「(継続)〜までずっと」
Finish it **by** Friday. 訳 金曜日までに終わらせなさい。	Wait here **until** noon. 訳 正午までここで待っていなさい。

今回の問題では**期限**ではなく、**継続**の意味がふさわしいです。㋒の**until**を入れて、until further notice「さらなるお知らせがあるまで(ずっと)」が正解です。このように、前置詞の使い分けの知識が問われるので、ただ闇雲に覚えるのではなく、実践的な識別を意識して問題を解くことが大切です。

 考えてみようの解答 ㋒ (訳 新型コロナに鑑みて、役所はさらなるお知らせがあるまで閉鎖される予定です。)

演習

1 次の各文の ＿＿＿ に当てはまる前置詞を1語入れなさい。

① She is planning to go skiing ＿＿＿ Nagano during her winter vacation. ［中央大］

② ＿＿＿ my surprise, she decided to go home alone in the storm. ［獨協大］

③ Takao just managed to hand in his report ＿＿＿ the deadline. ［南山大］

④ I can listen to the music I like when I'm ＿＿＿ the train. ［広島修道大］

⑤ You may find this English dictionary ＿＿＿ great use. ［武庫川女子大］

2 次の各文の（　　）に入る最も適切な語(句)を、下の㋐〜㋓から1つ選びなさい。

① Come home (　　) midnight. ［会津大］

㋐ by　㋑ in　㋒ on　㋓ until

①

② I'm visiting my friend in Sapporo and will stay (　　) Wednesday. ［立命館大］

㋐ before　㋑ by　㋒ since　㋓ until

②

③ Many people put signs (　　) the walls of their houses saying "Stay home!" ［群馬大］

㋐ in　㋑ on　㋒ off　㋓ at

③

④ The thief ran away (　　) the direction of the beach. ［立命館大］

㋐ at　㋑ for　㋒ in　㋓ on

④

3 次の各組の英文の ＿＿＿ に、同一の前置詞を入れて意味の通るようにしなさい。［大阪医科薬科大］

① a. The actress was wearing a big emerald ring ＿＿＿ her finger.

b. We used to listen to the news ＿＿＿ the radio when young.

② a. Suzuki retired ＿＿＿ professional baseball in March.

b. We don't know where Charlotte comes ＿＿＿.

✔ CHECK
15講で学んだこと

☐ byは「(期限)〜まで」／untilは「(継続)〜までずっと」
☐ 前置詞は識別の知識をつける

16講　不定詞のカタマリの識別をする

不定詞のカタマリの識別

▶ここからつなげる 不定詞は3つの用法(名詞・副詞・形容詞的用法)があります。大きなカタマリ単位で品詞の役割を担うのです。各役割を瞬時に識別できるように練習をしていきましょう。特に文全体の修飾や後置修飾の識別は要チェックです。

考えてみよう

次の和文を英訳しなさい。

英語力を向上させるためには、英語を使う機会を多く持つことが必要だ。

____

____

手順1 日本語をカタマリで分析する

この英文では不定詞の3つの用法すべてを使います。まずは文をカタマリ単位で分析しましょう。

文にかかる　名詞にかかる

英語力を向上させるためには、英語を使う[機会]を多く持つことが必要だ。

最初の「～向上させるためには」は不定詞の**副詞的用法「～するために」**で表せます。文頭に置くと、文全体を修飾することができます。To improve your English skills としてもOKですが、目的をより明確にするときにはIn order to improve your English skills とします。

手順2 用法を識別する

「～持つことが必要だ」は**名詞的用法「～すること」**を使います。you need to have ～です。他動詞needの目的語は名詞のカタマリです。また、名詞に長い説明を加えるときには**形容詞用法「～するための、～すべき」**を使います。主に2語以上の語句が後ろから名詞に対して説明をつけ加えるときは**後置修飾**と呼ばれます。

名詞に対する2語以上の語句の修飾

a lot of opportunities [to use English]

完成した英文は次のようになります。カタマリをしっかりとつかんでおきましょう。

(In order to improve your English skills,) you need 〈to have a lot of opportunities [to use English]〉.

考えてみようの解答　In order to improve your English skills, you need to have a lot of opportunities to use English.

演習の解答 ➡ 別冊P.15

演習

1 次の各文の(　　)に入る最も適切な語(句)を、下のㇹ〜㊁から1つ選びなさい。

① We expected (　　) Mark at the party, but he didn't show up. ［亜細亜大］

㋐ see　㋑ to see　㋒ seeing　㋓ seen

①

② 私の父は、時代の流れに遅れないようにいつも心掛けている。 ［獨協医科大］
My father is always trying (　　) the current of the times.

㋐ to keep up with　㋑ not to keep up with
㋒ to catch up with　㋓ not to catch up with

②

2 次の和文の意味を表すように、(　　)内の語(句)を並べ替えなさい。

① テーマパークで乗り物に乗るために少なくとも2時間待った。 ［岐阜聖徳学園大］
We waited at least (to get / on / two hours / a ride) at the theme park.

We waited at least ________________________ at the theme park.

② こんな素敵なチームメイトと共に仕事を続けられるなんて、君は幸せに違いない。 ［西大和学園高校］

You must (be happy / continue your work / to / nice / such / teammates / be able to / with).

You must ________________________

________________________.

3 次の和文を英訳しなさい。

① 何か冷たい飲み物をもらえますか？ ［函館ラサール高校］

____

② 多くの人はオーロラを見る機会がない。 ［武蔵大］

____

____

HINT　the Northern Lights「オーロラ」

CHECK
16講で学んだこと

□ 不定詞はカタマリ単位で識別する
□ 不定詞の副詞的用法では目的を明確化するときにin order toを使う
□ 後置修飾は主に2語以上の語句が後ろから名詞を修飾するときに使われる

17講　用法の識別に必要な観点を身につける

不定詞の用法識別①

▶ここからつなげる　不定詞には3つの用法の他にも、慣用表現の識別が重要なものがあります。使い方、時系列、さらには語順なども絡む用法の識別をする練習をしていきましょう。特に文法や英作文の得点源になるものを中心に扱います。

考えてみよう

次の文の(　　　)に入る最も適切な語(句)を、下の㋐～㋓から1つ選びなさい。　［東京薬科大］

The new machine we just bought doesn't (　　　) properly.

㋐ seems being working　　㋑ seem working
㋒ seems to work　　㋓ seem to be working

手順1　主述関係をつかむ

主述関係をつかむと、選択肢が絞り込みやすくなります。この問題ではthe new machineは**3人称単数**であり、かつ時制が**現在時制**です。否定文で使われるdoesn'tの後には**動詞の原形**を置きます。

The new machine (S) [we just bought] doesn't (　　　) (V) properly.

つまり、この段階で三単現のsがついている㋐と㋒は除外できます。

手順2　seem to ＋動詞の原形の使い方を識別する

時系列にも注意する必要があります。seemは基本的に**主観**で「～のように思われる」の意味で使います。この英文では**seem to ＋動詞の原形**「(普段から)～であるように思われる」と**seem to ＋ be ＋ Ving**「(今この瞬間)～しているように思われる」の形の識別も重要です。

The new machine (S) [we just bought] doesn't (seem to be working) (V) properly.

意味としては「私たちがちょうど購入したその新しい機械は適切に動いていないようだ」となります。なお、入試では時制のズレも頻出です。現在時点と時制のズレのないseem to ＋動詞の原形「(今)～であるように思われる」と、時制のズレがあるseem to ＋ have p.p.「(昔)～だったように思われる」の識別などが求められます。

- seem to ＋動詞の原形「(今)～であるように思われる」⇒時制のズレなし
- seem to ＋ have p.p.「(昔)～であったように思われる」⇒時制のズレあり

考えてみよう　の解答　㋓　(訳 私たちがちょうど購入したその新しい機械は適切に動いていないようだ)

演習の解答 ➡ 別冊P.16

演習

1 次の各文の(　　)に入る最も適切な語(句)を、下のア〜エから1つ選びなさい。

① Some studies show that new technology (　　) delay the skin aging process. ［駒澤大］

ア makes possibility to　　イ makes it possible to
ウ making possible to　　エ possibly makes it to

HINT 形式目的語 → 詳細は**18講**

①

② Tom had four cups of coffee (　　) fall asleep during the exam. ［名古屋学院大］

ア never　　イ never to　　ウ despite of　　エ so as not to

②

③ You (　　) what I said yesterday. ［駒澤大］

ア had seemed to be misunderstood　　イ had seemed to have misunderstand
ウ seem to be misunderstood　　エ seem to have misunderstood

③

2 次の和文の意味を表すように、(　　)内の語(句)を並べ替えなさい。

① 医師は私の父にタバコを吸わないよう警告した。 ［北海道科学大］
The doctor (to / my father / not / warned / smoke).

The doctor ______________________________.

② お金と幸福は全く関係がないように思われる。 ［広島修道大］
Money (to have / happiness / nothing / to do / seems / with).

Money ______________________________.

3 次の和文を英訳しなさい。 ［金沢工業大］

彼は、大きくなって有名な科学者になった。

____

CHECK 17講で学んだこと

☐ seem to ＋動詞の原形は「(今)〜であるように思われる」
☐ seem to ＋ have p.p. は「(昔)〜であったように思われる」

18講　形式的な主語や目的語を使うと文型がシンプルになる

不定詞の用法識別 2

▶ここからつなげる　不定詞では各カタマリの役割の他にも、形式主語や形式目的語のitの識別問題がよく狙われます。文型をうまく作り、詳しい情報を後回しにする点が重要です。不定詞の補足説明の役割を理解するのに役立てていきましょう。

考えてみよう

次の英文の文型を特定し、和訳しなさい。

I found it easy to solve the problem.

① 文型 [　　　　]

② 和訳 ＿＿＿＿＿＿＿＿＿＿

手順1 文の構造を分析する

まず文構造を分析しましょう。SVOCの**第5文型**の形を作り、そこからto以下で補足説明がつけ加えられています。

I found it easy 〈to solve the problem〉.
S　V　O　C

手順2 形式目的語の役割を押さえる

目的語が長くなると、英文の意味が整理しにくくなるため、itを**形式目的語**として置きます。前半は「私はあることが簡単だとわかった」と伝えられているので、「何をすることが簡単だとわかったのか」という情報が後ろにつけ足されています。

形式目的語　真目的語
I found it easy 〈to solve the problem〉.
S　V　O　C

to以下では「その問題を解くこと」という本当の目的語がつけ加えられています。これを**真目的語**と言います。今回の問題の関連事項として、名詞的用法の主語が長くなるときの**形式主語**と**真主語**の形もチェックしておきましょう。まずはSVCをスッキリと作り、to以下を後からつけ足す形です。

例文
形式主語　真主語
It is important 〈to stay healthy〉.　訳 健康でいることは大切だ。
S V　C

　考えてみようの解答　①第5文型　②私はその問題を解くことが簡単だとわかった。

演習

1 次の英文を和訳しなさい。

① I found it impossible to finish the task on time.

② It is necessary to meet our budget forecast in order to ensure that the company remains stable. ［武蔵大］

HINT budget forecast「予算の予測」 ensure「～を確実にする」 stable「安定した」

2 次の和文の意味を表すように、(　　　)内の語(句)を並べ替えなさい。

① 私たちが他の人々と交流することは大切です。 ［松本歯科大］
It (is / with / to / for us / important / communicate) other people.

It ＿＿＿＿＿＿＿＿ other people.

② 彼女は物理を一人で勉強することが難しいと思った。 ［関東学院大］
She (to / physics / it / study / difficult / found) alone.

She ＿＿＿＿＿＿＿＿ alone.

③ 祖父は個人の自由と地域社会の権利のバランスを保つことが大切だとよく僕に言っていた。 ［駒澤大］
My grandfather would often tell me that it (the balance / important / preserve / is / to) between individual freedom and the rights of the community.

～ it ＿＿＿＿＿＿＿＿ between ....

3 次の和文を英訳しなさい。

① レジ袋が毎日どれだけ使われているのかを知って驚きました。 ［桐朋高校］

② 私はその本を読み通すのが難しいと思いました。

✔ CHECK
18講で学んだこと

□ 目的語が長くなるときは形式目的語を使う
□ 名詞的用法の主語が長くなるときは形式主語を使う

19講　不定詞の未来志向と動名詞の過去志向を知る

不定詞と動名詞の識別

▶ここからつなげる　不定詞は未来志向で、動名詞は過去志向の特徴を持ちます。不定詞を使うときには「これからすること」を表し、動名詞は「過去に行ったこと」と相性がよいです。これさえ押さえておけば、識別問題でも鬼に金棒です。

考えてみよう

次の文の（　　　）に入る最も適切な語（句）を、下の㋐〜㋓から1つ選びなさい。　［南山大］

This key is quite important. Please do not forget (　　　) it to the office.

㋐ return　　㋑ returning　　㋒ to return　　㋓ to be returned

手順1　不定詞と動名詞の識別をつかむ

不定詞と動名詞の識別の問題です。不定詞は未来志向・動名詞は過去志向と判別します。forgetは目的語が**不定詞**の**forget to + V**だと「（未来に）〜するのを忘れる」となるのに対して、**動名詞**の**forget + Ving**だと「（過去に）〜したのを忘れる」となります。以下のような表現を押さえておきましょう。

- forget to + V「〜するのを忘れる」
- remember to + V「〜するのを覚えている」
- regret to + V「残念ながら〜する」
- forget + Ving「〜したのを忘れる」
- remember + Ving「〜したのを覚えている」
- regret + Ving「〜したのを後悔する」

手順2　未来か過去かを判断する

この問題では**命令文**を使うことで「相手がまだ行っていない行為」を表しています。つまり、この時点で㋐と㋑が消え、㋒か㋓のいずれかが正解とわかります。

㋓を入れてしまうと、to be + p.p.「〜されること」と受動の意味になってしまいます。空所の直後に目的語のitがあることから、受動態の形は使えません。

Please do not forget (○㋒ **to return** / ×㋓ to be returned) it to the office.
（it の上に「目的語」）

return「〜を返却する」は他動詞として使われているので、後ろに目的語を置くことができ、英文が正しく作れます。正解は㋒ **to return** です。

考えてみよう の解答　㋒　（訳 このカギはとても大切です。オフィスにカギを戻すことを忘れないでください。）

演習の解答 ➡ 別冊P.18

演習

1 次の各文の(　　　)に入る最も適切な語(句)を、下の㋐～㋓から1つ選びなさい。

① I regret (　　　) the same mistake again and again in my youth. ［関西学院大］
㋐ making　　㋑ to make　　㋒ being made　　㋓ to have made

①

② Don't forget (　　　) your passport when you come to the post office to pick up the mail. ［駒澤大］
㋐ bring　　㋑ bringing　　㋒ to bring　　㋓ having bringing

②

2 次の和文の意味を表すように、(　　　)内の語(句)を並べ替えなさい。

① 私は急いで港へ向かったが、彼の船はすでに出てしまった後だった。 ［成蹊大］
I rushed to (find / had / his / only / port / ship / the / to) already left.

I rushed to ＿＿＿＿＿＿＿＿＿＿＿＿＿＿＿＿＿＿＿＿＿＿ already left.

② 私のために窓を閉めていただけますか。少し寒いのです。 ［拓殖大］
(the window / would / closing / mind / you) for me? I feel a little cold.

＿＿＿＿＿＿＿＿＿＿＿＿＿＿＿＿＿＿＿＿＿＿＿＿＿＿ for me?

3 次の和文を英訳しなさい。 ［東京海洋大］

君が私に話してくれた男に会ったことを私は覚えていないのです。

＿＿＿＿＿＿＿＿＿＿＿＿＿＿＿＿＿＿＿＿＿＿＿＿＿＿＿＿＿＿

＿＿＿＿＿＿＿＿＿＿＿＿＿＿＿＿＿＿＿＿＿＿＿＿＿＿＿＿＿＿

✔ CHECK
19講で学んだこと

□ 不定詞は未来志向で使う
□ 動名詞は過去志向で使う

20講　英語は文中の主述関係も重要

不定詞と動名詞の意味上の主語

▶ここからつなげる 英語では意味上の主語の考え方が多く登場します。特に不定詞と動名詞の意味上の主語はきわめて出題率が高く、英文を読む上でも最重要です。ここでは不定詞と動名詞の意味上の主語を攻略していきましょう。

考えてみよう

次の和文を英訳しなさい。

窓を開けても構わないでしょうか。

____

手順1 mindを使った表現を使う

「〜しても構わないでしょうか」とお願いするときには**mind Ving**の形を使います。最終的に「誰がその行動をするのか」が基準になることに注意です。「窓を開けるのが私」であることをアピールする必要があります。

Do you mind opening the window?

この1文は「窓を開ける」のがyou「あなた」になってしまいます。「あなたが窓を開けてくれませんか」の意味になるのです。そこで、自分が開けることを言いたいときに必要なのが**意味上の主語**です。

手順2 動名詞の意味上の主語を示す

動名詞の意味上の主語を示すときには**所有格**の形が使えます。

Do you mind my (S') opening (V') the window?

意味は「私が窓を開けてもいいでしょうか」となります。この英文は節（SVのある構造）を使って以下のように書き換えることもできます。

Do you mind if I (S) open (V) the window?

なお、不定詞の意味上の主語はＶ O to 〜の形やfor＋人の形で表します。

考えてみようの解答　Do you mind my opening the window? / Do you mind if I open the window?

演 習

1 次の和文に合うように、英文を完成させなさい。

① 私の先生は私がクラスでスピーチをすることを求めた。 ［北里大］

My teacher wanted [　　　] [　　　] [　　　] a speech in class.

② 彼女がこれらの問題を解くのは難しかった。 ［城北高校］

[　　　] was difficult [　　　] her [　　　] solve these problems.

2 次の和文の意味を表すように、(　　　)内の語(句)を並べ替えなさい。

① バスにかばんを置き忘れるとは、あなたもそそっかしい。 ［熊本保健科学大］
It is (of / your bag / to / you / leave / careless) in the bus.

It is ________________________________ in the bus.

② 私のために一杯の水をいただけませんか。 ［青山学院高等部］
Would you mind (glass / of / me / for / a / water / getting)?

Would you mind ________________________________?

3 1の文で説明されている内容と2の文の内容が同じなら、○を、違っていれば×をつけなさい。 ［中央大］

1：The man said he didn't mind my opening the window.
2：I was told by the man that it was okay to open the window.

[　　　]

✔ CHECK
20講で学んだこと

□ 動名詞の意味上の主語は所有格で表す
□ 不定詞の意味上の主語はＶＯ to ～の形やfor＋人の形で表す

21講　能動と受動のチェックをする

現在分詞と過去分詞の識別

▶ ここからつなげる　現在分詞は「能動的に〜する」となるのに対して、過去分詞は「受動的に〜される」という関係を作ります。識別法は簡単ですが、意外と英語の発想の切り替えをしないとミスしてしまうポイントもあるので、入念に見極めて行きましょう。

考えてみよう

次の和文を英訳しなさい。

私は昨日髪の毛を切ってもらいました。

____

手順1 「能動的に〜する」はVing、「受動的に〜される」はp.p.を使う

現在分詞と過去分詞の識別では、名詞に対して**能動的**にかかるのか、**受動的**にかかるのかの理解をする必要があります。それ自体が**能動的**に「〜する／〜している」場合や何か「(現象として)起こっている」ことなどには**現在分詞**を使います。

例文　rising prices　(能動)
上昇する物価

過去分詞は**受動的**に「〜される」や**完了的**に「〜した」のニュアンスで使われます。

例文　lost wedding ring　(完了)
なくした結婚指輪

fallen leaves「落ち葉」は自動詞のfall「落ちる」がp.p.になったものなので、「〜した」という**完了**の意味になります。

手順2 SVOCのOとCの間の関係を見る

この文はSVOCで表せますが、Oと Cの間には主語と述語の関係があります。分詞の識別でOC間の関係を見るときは能動と受動をチェックすればOKです。O(髪の毛)は「他者によってC(切られる)」ものですので、使うのは**過去分詞**になります。「切る」cutの**過去分詞**はcutです。

I had my hair cut (p.p.) yesterday.
S V O C M

 考えてみようの解答　I had my hair cut yesterday. / I got a haircut yesterday.

演習

1 次の各文の(　　)に入る最も適切な語(句)を、下の㋐〜㋓から1つ選びなさい。

① The people (　　) in the accident were carried to the nearby hospitals.
［フェリス女学院大］

㋐ injure　　㋑ injures　　㋒ injured　　㋓ injuring

①

② The company couldn't start the project with 90% of the local residents (　　) the construction of a new hotel.
［芝浦工業大］

㋐ oppose　　㋑ opposed　　㋒ opposing　　㋓ would oppose

②

2 次の和文の意味を表すように、(　　)内の語(句)を並べ替えなさい。

① あなたはその歯を抜かないと大変なことになるぞ。　［福島大］
You (have / pulled / better / had / tooth / that) out.

You ______________________________ out.

② あなたは昨晩髪の毛を切ってもらったのですよね。　［兵庫医療大］
You (cut / had / hair / last night / your), didn't you?

You ______________________________, didn't you?

3 次の和文を英訳しなさい。

① あの壊れたドアにさわってはいけません。　［城北高校］

____

② 英語は世界で一番広く話されている第2言語だ。　［福岡大］

____

____

HINT　widely「広く」　second language「第2言語」

✔ CHECK
21講で学んだこと

- ☐ 現在分詞はVing／過去分詞はp.p.
- ☐ 能動か受動かで分詞を識別する
- ☐ OとCの間の関係を見抜くことも大切

22講　感情を表す他動詞のVingとp.p.の識別をする

感情を表す他動詞の識別

▶ここからつなげる　感情を表す他動詞は識別問題で出題されます。人が主語ならp.p.、物やitが主語ならVingが多いですが、もっと根本から理解しましょう。感情の原因が何なのか、主語との関係がどうなるかを見ればわかるので、意外と識別は簡単です。

考えてみよう

次の文の(　　　)に入る最も適切な語(句)を、下の㋐〜㋓から1つ選びなさい。　[金城学院大]

When I saw the movie *Kingdom*, I was very (　　　) the battle scenes.
㋐ excited by　㋑ excited in　㋒ exciting for　㋓ exciting of

手順1　原因がどこにあるのかを考える

感情を表す他動詞は感情の原因が何なのかに注目します。例えばexciteは「〜をわくわくさせる」の意味です。主語がIなので、今回はexcitingにしてしまうと「私が誰かをわくわくさせた」ことになってしまいます。感情の**原因**がthe battle scenes「戦闘シーン」にあるので、**excite は p.p.** にします。

私が『キングダム』という映画を見たとき、私は戦闘シーン(原因)に大いにわくわくした。

手順2　主語と原因に応じてVingとp.p.を識別する

主語と原因との関係がどうなるかも重要です。ここでは主語(私)が「わくわくさせられる」の関係なので、受動態の形になるのです。主語が人だとp.p.を使いやすいのは、人が何かの原因でその気持ちにさせられるからです。

(When I saw the movie *Kingdom*), I (S) was (very) excited (be＋p.p.) by the battle scenes (原因).

人が主語だと9割方p.p.になりますが、もしその人自身の**性格**に触れるなら**Ving**です。

例文　He is an interesting person.　彼自身が他者に興味を持たせるような性格の人
訳 彼は面白い人です。

主語が**物**や**it**などの**無生物**になるときには、主語に**原因**が来るので、Vingを使います。

(When I saw the movie *Kingdom*), the battle scenes (S) were (V) (very) exciting (C).

主語の「戦闘シーン」が私をわくわくさせる性質のものであったことがわかりますね。

考えてみようの解答　㋐　(訳 私が『キングダム』という映画を見たとき、私は戦闘シーンに大いにわくわくした。)

演習の解答 ➡ 別冊P.20

演習

1 次の各文の(　　　)に入る最も適切な語(句)を、下のㇵ~エから1つ選びなさい。

① Before the holidays, the children always (　　　).　［立命館大］
ア excite　イ excited　ウ get excited　エ get exciting

①

② It is (　　　) that no one was killed in such a terrible car accident.　［青山学院大］
ア to amaze　イ amazing　ウ amazed　エ amaze

②

2 次の和文の意味を表すように、(　　　)内の語(句)を並べ替えなさい。

① 子どもたちと働くのは面白いと思う。　［中京大］
I (it / to / with / find / interesting / work) children.

I ______________________________ children.

② そこには盗む価値のあるものが何もなかったので、泥棒はがっかりした。　［東京海洋大］
The thief (stealing / was / there / that / nothing / disappointed / was / worth) there.

The thief ______________________________

______________________________ there.

3 次の組の英文が同じ意味になるように、当てはまる英語を［　　］に書きなさい。
［聖隷クリストファー大］

a. I was very moved by the child's story.

b. I found the child's story very ［　　　　］.

✔ CHECK
22講で学んだこと

☐ 人が主語で他に感情の原因が明示されるときはp.p.を使う
☐ 人が主語でもその人自身の性格を表すときにはVingを使う
☐ 物やitなどの無生物が主語で感情の原因のときはVingを使う

23講　p.p.と述語動詞の識別をする

分詞の後置修飾のつかみ方

▶ここからつなげる　英文を読み解くときに後置修飾は重要です。これがわかると、正確に英文が理解できるようになります。慣れてくれば一瞬でできてしまうのですが、最初は丁寧に構造をつかむ練習をしておきましょう。

考えてみよう

次の和文の意味を表すように、(　　　)内の語(句)を並べ替えなさい。　[関西大]

我々は現在ヨーロッパで話されるすべての言語を保護すべきだ。
We should (in / languages / all the / preserve / currently spoken / Europe).

We should ________________________________

________________.

手順1　日本語を分析する

英語では長い説明は後回しにします。「現在ヨーロッパで話されるすべての言語」のように、名詞に対して詳しい説明をするときには**後置修飾**にするのです。この分詞の後置修飾は名詞に対して詳しい説明を加えるので、**形容詞句**と呼ばれます。

我々は(S) [現在ヨーロッパで話される] すべての言語を 保護すべきだ(V)。

We(S) should preserve(V) all the languages(O) [〜].

手順2　名詞を後ろから修飾する後置修飾をつくる

all the languages「すべての言語」とザックリと伝えておいて、その後にp.p.以降の説明を加えていきます。**後置修飾**のときも**能動**「〜する」と**受動**「〜される」で識別します。

We(S) should preserve(V) all the languages(O) [currently spoken in Europe].

長い主語に分詞の後置修飾が使われるパターンもあるので、要チェックです。

例文　The official language [spoken in the Netherlands](S) is(V) Dutch(C).
訳 [オランダで話されている]公用語はオランダ語です。

長い主語を捉えるときは**述語の発見**が重要なので、しっかりSVをつけて確認しましょう。

　考えてみようの解答　preserve all the languages currently spoken in Europe

演習の解答 ➡ 別冊P.21

演習

1 次の各文の(　　　)に入る最も適切な語(句)を、下のア～エから1つ選びなさい。

① The food (　　　) in that restaurant was marvelous. ［武庫川大］
ア serve　イ served　ウ serving　エ to serve

①

② Look! The man (　　　) the red car almost hit that person. ［江戸川大］
ア driving　イ to drive　ウ drive　エ driven

②

2 次の英文を和訳しなさい。

① A famous company run by the local government went bankrupt last month. ［跡見学園女子大］

____

② The theory of evolution by natural selection developed by Charles Darwin revolutionized the study of living things. ［芝浦工業大］

____

____

HINT the theory of evolution「進化論」 natural selection「自然淘汰」
Charles Darwin「チャールズ・ダーウィン」 revolutionize「～に革命をもたらす」

3 次の和文の意味を表すように、(　　　)内の語(句)を並べ替えなさい。

① 向こうから来る人を姉と間違えて、私は大声で叫んでしまった。 ［中央大］
I mistook (called out / the person / my sister / loudly / for / approaching me / and) to her.

I mistook ____

________________________ to her.

② 機関はウイルスに影響を受けた百万人を超える人が新しい薬で治療できる可能性があると推測している。 ［名古屋学院大］
The institute estimates more than one million people (a new medicine / be / by the virus / cured / could / with / affected).

～ more than one million people ____

________________________.

✔ CHECK
23講で学んだこと

- ☐ 後置修飾は後ろから名詞を修飾する
- ☐ 後置修飾のときも能動「～する」と受動「～される」で識別する

24講　分詞構文と動名詞の見極め方を知る

分詞構文の識別1

▶ここからつなげる 分詞構文と動名詞は識別が求められます。これらはどちらもVingを使っているので、一見するとややこしいです。しかし、述語の有無や修飾関係を見抜くことができれば、すぐに理解ができるようになります。しっかりマスターしましょう。

考えてみよう

次の英文を和訳しなさい。

① Listening to music is good for your health.

② She drives home, listening to the news.

手順1 述語の有無で識別をする

動名詞の場合は**名詞句**を作ります。名詞句はS、O、Cになるので、文頭で主語としてVingが来る場合は、主語Vingに対する**述語が必要**です。

〈Listening to music〉 is good for your health.
S　V　C　M

動名詞は「～すること」と訳すので、「音楽を聴くことは健康によい」となります。

手順2 分詞構文は文全体を修飾する

分詞構文は**副詞句**を作ります。主節全体を修飾し、Vingに対する述語は必要ありません。分詞構文では主節と主語が共通する場合、主語はカットします。

She drives home, (listening to the news).　文全体を修飾する
S　V　M

分詞構文は接続詞をなくして文のスタイルを変化させたものです。文頭だと「～なので」や「～するとき」などの意味になり、文末に置かれると「～しながら」と訳出します。

文頭の分詞構文	文末の分詞構文	独立分詞構文
接続詞をカットした文。文体が豊かになる。「～するとき」や「～なので」の意味。	主節に対して「～しながら」という**付帯状況**を表す。	主節と分詞構文中の主語が異なる場合、**主語を残す**。意味上の主語とも言う。

 考えてみようの解答　① 音楽を聴くことは健康によい。　② 彼女はニュースを聴きながら、車で家に帰る。

演習

1 次の各文の(　　　)に入る最も適切な語(句)を、下の㋐～㋓から1つ選びなさい。

① 目を閉じて、トムは人生について深く考えた。　[立命館大]

(　　　) his eyes, Tom thought deeply about his life.

㋐ Closed　㋑ Closes　㋒ Closing　㋓ To close

①

② すべてドイツ語で書かれていたので、この本は読むのが難しかった。

(　　　) in German, this book was difficult to read.

㋐ All been written　㋑ All being writing　㋒ All written　㋓ All writing

②

2 次の英文を和訳しなさい。

① Reading books on a smartphone is environmentally friendly.　[岡山大]

② Seeing his behavior, I cannot but doubt his sincerity.　[國學院大]

HINT　cannot but＋動詞の原形「～せざるを得ない」　sincerity「誠実さ」

③ Challenging the opinions of somebody senior to you is considered rude in Japan.　[昭和女子大]

HINT　challenge「～に異議申し立てをする」

3 次の和文の意味を表すように、(　　　)内の語(句)を並べ替えなさい。　[杏林大]

(being / Wi-Fi / no / there), we (online / use / the / map / couldn't).

______________________, we ______________________.

HINT　there wasを分詞構文にしたときの形を考える

✔ CHECK　24講で学んだこと

- □ 動名詞が主語のときはVingに対する述語動詞がある
- □ 分詞構文は副詞句を作り、Vingに対する述語はない
- □ 主節と分詞構文中の主語が異なるときには主語を残す(独立分詞構文)

25講　完了分詞構文は時系列をチェック

分詞構文の識別 2

▶ここからつなげる　分詞構文の中でも完了時制の分詞構文は時制のズレに着目する必要があります。主節内の過去よりも1つ前の時制を表すときにはhaving + p.p.を使います。これは並び替えでもよく出題されるので、要チェックです。

考えてみよう

次の文の(　　)に入る最も適切な語(句)を、下の㋐～㋓から1つ選びなさい。　[東海大]

The deadline, (　　　) for the first of March, was approved by all the committee members.
㋐ setting　㋑ be setting　㋒ will have been set　㋓ having been set

手順1 時系列をチェックする

分詞構文ではVingやp.p.にする文体の変化だけではなく、時系列のチェックが重要です。

The deadline (S) ～ was approved (V, 過去形) by all the committee members.

「承認された」(was approved)のは過去の出来事ですので、締切日(The deadline)の設定はそれより前(**大過去**)と見抜けます。

手順2 時制のズレがあるときはhaving + p.p.を使う

このように、1文の中で**時制のズレ**を表すときには**完了時制の分詞構文**having + p.p.を使います。締切日が設定されたのは承認されたのよりも1つ前の出来事ですから、この形になります。また、この英文では主語がThe deadline「締切日」なので、「設定する」ではなく、「設定される」と**受動**になります。つまり、使う形はhaving + p.p.とbe動詞 + p.p.を合体させた**having been p.p.**です。

The deadline, (having been set for the first of March), was approved by all the committee members.
（補足説明の分詞構文：having been set／過去形：was approved）

分詞構文が文中で**挿入句**として使われると、直前の名詞に対する**補足説明**になります。挿入句で使われる場合は主語の直後と述語の直前にカンマが2か所につきます。このように、時制のズレの識別や分詞構文の置かれる位置関係は極めて重要なので、要チェックです。

考えてみようの解答　㋓　(訳 締切日が、3月1日に設定されたのだが、委員会全員から承認された。)

演習

1 次の各文の(　　　)に入る最も適切な語(句)を、下の㋐〜㋓から1つ選びなさい。

① (　　　) all his work an hour ahead of time, he decided to go home early. ［京都女子大］

㋐ Having finished　　㋑ If he finished
㋒ So that he finished　　㋓ When he finishes

①

② (　　　) cleaned her entire apartment, Rhonda was quite satisfied. ［金沢工業大］

㋐ Had　　㋑ Has been　　㋒ Have been　　㋓ Having

②

2 次の英文を和訳しなさい。

① The sun having set, we decided to stay at the cottage for the night. ［武蔵野美術大］

② Harriet's novels, not having been translated into English, are unknown to most of my Canadian friends. ［東海大］

HINT　Harriet「ハリエット」

3 次の和文の意味を表すように、(　　　)内の語(句)を並べ替えなさい。

① 彼はとても影響力のある政治家なのだからもっと考えて行動するべきだ。 ［松山大］
(politician / a / influential / being / very), he should behave more thoughtfully.

________________________________, he should behave ....

② 共同研究のプロジェクトの目的はかなり単純化され、目標に向けて中間ステップを設定する試みは一切なされなかった。 ［青山学院大］
The aims of the collaborative research project were very simplified, (attempt / been / having / made / no) to set up the intermediate steps toward the goal.

〜, ________________________ to set up the intermediate steps ....

✔ CHECK
25講で学んだこと

☐ 時制のズレがあるときはhaving + p.p.を使う
☐ 挿入句の分詞構文は主語に対する補足説明を行う
☐ 受動ならhaving been p.p.を使う

26講　カンマの有無がもたらすニュアンスを知る
制限用法と非制限用法の関係代名詞の識別

▶ここからつなげる カンマの有無で英文は全く意味が変わってしまいます。カンマのつかない関係代名詞のことを制限用法と言い、カンマのつく関係代名詞のことを非制限用法と言います。特に非制限用法は盲点が多いため、じっくり鍛えましょう。

考えてみよう

次の文の(　　　)に入る最も適切な語(句)を、下の㋐〜㋓から1つ選びなさい。　[駒澤大]

The king told one of the farmers to come to the castle, (　　　) surprised everyone.

㋐ from which　　㋑ that　　㋒ in that　　㋓ which

手順1 ,(カンマ)に着目し、使われ方をチェックする

,(カンマ)があることから**非制限用法の関係代名詞**が使われます。この用法は、先行詞を「〜だが、それは…だ」と補足的に説明することを得意とします。

The king told one of the farmers to come to the castle, 〜.
(The king = S, told = V, one of the farmers = O, to come to = to＋動詞の原形)

前半部分は**tell O to＋動詞の原形**の形を使っています。「王様が農民の1人に対して城に来るように言った」という意味です。

手順2 先行詞の範囲を特定する

非制限用法の場合は、何を補足説明するのかが重要です。**先行詞**は直前の名詞の可能性と文全体の可能性の2つが考えられます。この場合は「前半の内容全体」が「皆を驚かせた」と考えるのが自然です。また、surprisedが動詞であることから、空所には**主格の関係代名詞**が入るとわかります。

〜, (　　　) surprised everyone.
(surprised = V, everyone = O)

選択肢を見ると、㋐ from whichは前置詞＋関係代名詞なので、主語の役割はできません。次に㋒ in thatは「〜という点において」という接続詞なので、後ろには文型に欠けている要素のない完全文が続きます。また、㋑ thatは主格にはなりますが、非制限用法の関係代名詞では使えません。正解は㋓ **which**です。このwhichは補足的に前文の内容を説明する役割があります。「王様が農民の1人に対して城に来るように言ったこと」をwhichが説明しているということがわかればOKです。

演習では,(カンマ)のつかない制限用法も合わせて確認しましょう。

考えてみようの解答　㋓　(訳 王様が農民の1人に対して城に来るように言ったが、それは皆を驚かせた。)

演習の解答 ➡ 別冊P.25

演習

1 次の各文の(　　)に入る最も適切な語(句)を、下のア〜エから1つ選びなさい。

① The novel, (　　) was first published in 2001, is in its 11th printing. ［中部大］

ア when　イ which　ウ whether　エ where

①

② I have an appointment to see Eric on June 25th, (　　) I believe is his birthday. ［中央大］

ア whenever　イ what　ウ which　エ in which

②

2 次の和文の意味を表すように、(　　)内の語(句)を並べ替えなさい。

① 飢えに苦しんでいる人々には、早急な援助が必要である。 ［京都女子大］

Those (are / from / help / hunger / need / suffering / urgent / who).

Those ______________________________.

② 頭に花をつけたあの女の子が、今朝私が話しかけた女の子です。 ［明治大学付属中野高校］

The girl (on / the one / flowers / is / her head / I / with) talked to this morning.

The girl ______________________________ talked to this morning.

3 次の和文を英訳しなさい。

① メイ(May)はそのテストで満点を取得した学生だ。

____

② 私には娘が3人いるが、3人とも結婚している。(whoを用いて)

____

✔ CHECK
26講で学んだこと

- □ カンマつきの関係代名詞は非制限用法と言う
- □ 非制限用法の関係代名詞は名詞を補足的に修飾する
- □ , which は直前の名詞だけではなく、前文をすべて指すことができる

27講　概念をやわらかく説明する

名詞節の関係代名詞

▶ ここからつなげる　関係代名詞の中でwhatだけは名詞節を作ります。行動や発言などの言葉をやわらかくかみ砕くことができ、英作文でも重宝する知識です。識別問題でもよく問われるテーマなので、きっちり身につけていきましょう。

考えてみよう

次の和文を英訳しなさい。

大学では本当に好きなことを見つけなさい。

____

手順1　文の骨格を決める

英作文をするときには文の骨格を決めるところからスタートします。「見つけなさい」は命令文で表現すればOKなので、Find out 〜. から文章が始めればよいです。find outに対する目的語が必要なわけですが、ここで名詞のカタマリ（節）を持ってくる発想が重要なのです。

手順2　「好きなこと」はwhat節で表現する

関係代名詞のwhatには名詞節を作る役割があります。名詞節になるということは、文のS、O、Cになるということです。「本当に好きなこと」をどのように表現するかがポイントになります。

Find out [what you really like] in college.
　V　　　　O

whatの作る節は**不完全文**が特徴です。you really likeは目的語が欠落し、whatがその目的語の役割をしています。最後に「大学では」についてですが、in collegeという言い方があります。以下のリストはよく使うwhat節の変換パターンです。

- 「行動」⇒ action / behavior　⇨　what you do
- 「発言」⇒ remark　⇨　what you say
- 「意図」⇒ intention　⇨　what you mean
- 「事件」⇒ incident　⇨　what is going on
- 「思考」⇒ thought　⇨　what you think

例えば、「世界情勢」と言いたいときにも、world affairと言わずにwhat is going on in the worldと表現することができます。whatを使うと、難しい概念がわかりやすい英語に変わるのです。

考えてみようの解答　Find out what you really like in college.

演習

1 次の各文の(　　)に入る最も適切な語(句)を、下の㋐〜㋓から1つ選びなさい。

① (　　) is difficult for me in studying at graduate school is concentrating on one problem for a long time. ［中央大］

㋐ It　　㋑ That　　㋒ What　　㋓ Which

①

② (　　) impressed me most at the show was the performance by small children. ［清泉女子大］

㋐ Something　　㋑ That　　㋒ The thing　　㋓ What

②

2 次の和文の意味を表すように、(　　)内の語(句)を並べ替えなさい。

① 私は以前の彼よりも今の彼のほうが好きだ。 ［立正大］

I prefer (is / he / what / to / he / was / what).

I prefer ______________________________.

② 彼女に好きなことをさせなさい。 ［大阪経済大］

(what / her / do / let / likes / she).

______________________________.

3 次の和文を英訳しなさい。

① 世界情勢を理解することが大切だ。

____

____

② あなたの発言と行動は別物だ。

____

✔ CHECK 27講で学んだこと

- □ 関係代名詞whatは名詞節を作る
- □ what節の中身は不完全文になる
- □ what節は日本語の難しい概念をやわらかく変換する

28講　複合関係詞節はカタマリの識別が重要

複合関係詞節

▶ここからつなげる 複合関係詞は-everがつくものを言います。複合関係詞節は名詞節と副詞節で識別が必要です。また、howeverのみ語順に関する問題が多数を占めており、整序英作文での出題が目立ちます。各用法の識別の仕方をマスターしましょう。

考えてみよう

次の文の(　　)に入る最も適切な語(句)を、下の㋐〜㋓から1つ選びなさい。　［京都女子大］

I can do (　　) I like with the money.

㋐ however　㋑ that　㋒ whatever　㋓ which

手順1 節の特定をする

複合関係詞節には**名詞節**と**副詞節**があります。節の特定をすると、問題が解きやすくなります。ここで重要なのが動詞の役割です。doは自動詞でしょうか、他動詞でしょうか。

I can do 〈(　　) I like with the money〉.
S　V　O

doが他動詞なので、後ろは名詞節を取ります。㋑ thatと㋓ whichは関係代名詞なので名詞節は作れません。仮にthatを名詞節を作る接続詞と解釈したとしても、doはsayやthinkのようにthatと結びつく動詞ではないので、名詞節にはなりません。また、**名詞節を作るthatは完全文**が続きます。

手順2 複合関係詞の識別をする

複合関係詞	名詞節	副詞節
• whoever	〜する人は誰でも	たとえ誰が〜しても
• whatever	〜するものは何でも	たとえ何が〜しても
• whichever	〜するものはどちらでも	たとえどちらが〜しても
• wherever	ナシ×	たとえどこで〜しても
• whenever	ナシ×	たとえいつ〜しても
• however	ナシ×	たとえどんなに〜しても

残りは㋐ howeverと㋒ whateverです。howeverは名詞節ではなく、**副詞節**を作ります。力持ちな性質を持ち、形容詞と副詞を前に引っぱってくる特徴があります。whateverは**名詞節**を作れるので、**正解**は㋒です。なお、このwhateverは名詞節なので、「〜するものは何でも」の意味で使われています。

 考えてみようの解答 ㋒ (訳 私はお金を使って、好きなことは何でもできる。)

演習

1 次の各文の(　　　)に入る最も適切な語(句)を、下の㋐～㋓から1つ選びなさい。

① (　　　) far away you may be, we can always talk online.　［日本女子大］
㋐ However　㋑ Whatever　㋒ Whenever　㋓ Wherever

①

② (　　　) is here this evening will have a chance to meet the president.　［立命館大］
㋐ Whatever　㋑ Whenever　㋒ Wherever　㋓ Whoever

②

2 次の和文の意味を表すように、(　　　)内の語(句)を並べ替えなさい。

① It's on me today. You can (whatever / to / you / eat / want / order) or drink.　［獨協大］

You can ______________________________ or drink.

② We will hold a BBQ party in the park at 11：00 tomorrow, and (join / wants / whoever / to) is welcome.　［駒澤大］

～, and ______________________________ is welcome.

③ (preparing / you / time / much / spend / however), you will be nervous at the presentation.　［東邦大］

______________________________,
you will be nervous at the presentation.

3 次の和文を英訳しなさい。　［東京経済大］

どれほど忙しくても、彼女は決して朝食を毎朝とることを欠かさない。

____

____

✔ CHECK
28講で学んだこと

□ -everは複合関係詞節を作る詞
□ 複合関係詞節は名詞節と副詞節がある

29講 関係代名詞は不完全文、関係副詞は完全文を伴う
関係代名詞と関係副詞の識別

▶ここからつなげる 関係代名詞と関係副詞の識別は不完全文と完全文の見極めがコツです。関係代名詞の場合は後ろに不完全文を取り、関係副詞の場合は後ろに完全文を取ります。これらは識別のときに重要なポイントなので、しっかり身につけていきましょう。

考えてみよう

次の文の(　　　)に入る最も適切な語(句)を、下の㋐～㋓から1つ選びなさい。 [愛知学院大]

This is a famous park (　　　) John liked to take a walk with his wife.
㋐ that　㋑ where　㋒ which　㋓ why

手順1 直後の完全文or不完全文の判断をする

先行詞が場所であると、すぐに関係副詞whereを使うと考えてしまう人が多いです。しかし、実際には先行詞が場所であっても、whereになるとは限らないため、丁寧に確認していきます。まず、大切なのが**完全文**と**不完全文**の判断です。

This is a famous park (　　　) John liked to take a walk with his wife.
(a famous park = 先行詞、John = S、liked = V、to take a walk = O、with his wife = M)

この英文だと、特に欠けている要素がないため、**完全文**と判断します。関係代名詞の場合は後ろに不完全文を取り、関係副詞の場合は後ろに完全文を取ります。

手順2 〈2文解体法〉を使う

関係副詞は基本的には接続詞の性質を持ち、かつ副詞の役割を兼ねるものです。

This is a famous park. John liked to take a walk here with his wife.

関係副詞は2文を1文につないだものなので、2文に分けてみると構造がすっきりわかります。この2文解体法は関係詞の識別で驚くほど役立ちます。(　)に入るのは2文をつなぎ、副詞here(場所)に対応するものなので**㋑ where**が正解です。なお、take a walkは「散歩する」という熟語です。

副詞(句)と関係副詞の対応関係
- now / then / in 2022など ⇒ when
- here / there / in the townなど ⇒ where
- for this reason / therefore ⇒ why
- in this way / thus ⇒ how

考えてみようの解答 ㋑ (訳 これはジョンが妻と散歩するのが好きだった有名な公園だ。)

演習

1 次の各文の(　　　)に入る最も適切な語(句)を、下の㋐〜㋓から1つ選びなさい。

① Liverpool, (　　　) is in the northwest of England, is famous as the hometown of the Beatles. ［東海大］

㋐ why　　㋑ where　　㋒ who　　㋓ which

①

② A video assistant referee system has been put into use in the FIFA World Cup. There are four situations (　　　) it can be used. ［玉川大］

㋐ what　　㋑ where　　㋒ which　　㋓ why

②

2 次の和文の意味を表すように、(　　　)内の語(句)を並べ替えなさい。

① これが私に初めて英文学に関心をもたせてくれた本です。 ［松本歯科大］

This is (　　　) (　　　) (　　　) first (　　　) (　　　) (　　　) English literature.
(that / me / in / the / book / interested)

This is ______________ first ______________ English literature.

② スマートフォンがなかった時代のことを覚えていますか。 ［大阪経済大］

Do you remember the time (were / when / there / no) smartphones?

Do you remember the time ______________________ smartphones?

3 次の和文を英訳しなさい。 ［東海大］

このルールが当てはまらない場合があるかもしれないことをご理解ください。

____

____

HINT case「場合」

✔ CHECK 29講で学んだこと

☐ 関係代名詞の後には不完全文が来る
☐ 関係副詞の後には完全文が来る

30講　メッセージをつかむ強調構文

強調構文

▶ここからつなげる　強調構文は長文読解では筆者の主張の把握に役立ちます。何を強調するのかをつかむことが大切なので、ここでは書き手の文のスタイルとしての強調構文に注目し、何が言いたいことなのかをつかむ練習をしていきましょう。

考えてみよう

次の英文を和訳しなさい。

It is not what you say but what you do that matters.

____

手順1　強調構文 It is ～ that の構造をつかむ

強調構文には名詞(句)や名詞節を強調するもの、副詞(句)や副詞節を強調するものがあります。
that以降の形は強調する部分の構造によって決まります。
まずは名詞を強調するパターンです。

例文　It is behavior that counts.　名詞を強調

これは「行動こそが重要なのだ」の意味です。次に、副詞(句)を強調するパターンです。

例文　It was in 1997 that that famous painter was born.　副詞句を強調

これは「1997年にその有名な画家は生まれた」の意味で、in 1997という年号を強調します。

手順2　対比構造の強調構文を押さえる

この英文和訳の問題は**対比構造の強調構文**です。「AではなくBこそが～だ」という形を作り、普通の英文よりも情報のメリハリのついた文のスタイルになっています。

It is not what you say (A) but what you do (B) that matters.

今回はnot A but Bの名詞句を強調しており、thatの直後が動詞のmatters「重要である」になっています。訳は「あなたが言うことではなく、することこそが重要だ」となり、工夫すれば「発言ではなく、行動こそが重要なのだ」と訳出することができます。

考えてみようの解答　発言ではなく、行動こそが重要なのだ。

演習

1 次の文の(　　　)に入る最も適切な語(句)を、下の㋐〜㋓から1つ選びなさい。　［センター追試］

(　　　) in 1912 that the *Titanic* sank during her first voyage.

㋐ It being　　㋑ It was　　㋒ When it is　　㋓ When it was

2 次の英文を和訳しなさい。

① I believe that it is not what children do but why they do it that is essential for understanding them.　［関西学院大］

② It is not the cost but the quality of the service that matters.　［中央大］

3 次の和文の意味を表すように、(　　　)内の語(句)を並べ替えなさい。

① 病気になってはじめて健康の価値がわかる。　［大阪学院大］

It is (you / that / you / the value / not until / realize / get sick) of good health.

It is ______________________________
of good health.

② 時間の管理がどれほど大切であるかが分かったのは、大学を卒業してからだった。　［関西学院大］

It (from / graduated / after / was / that / I / only / university) I found how important time management is.

It ______________________________
I found how important time management is.

✔ CHECK
30講で学んだこと

☐ 強調構文はIt is 〜 thatの形を使う
☐ 対比構造の強調構文は主張の把握に役立つ

31講　現在形は普段からすること、進行形は一時的なことを表す

現在形と進行形の識別

▶ ここからつなげる 現在形は「普段からすること」を表し、進行形は「途中・一時的なこと」を表します。これらは識別で問われるだけではなく、会話文や長文の問題を解くときにも驚くほど役に立つのです。実際の会話問題にも挑戦してみましょう。

考えてみよう

次の会話文の(　　　)に入る最も適切なものを、下の㋐～㋓から1つ選びなさい。　[龍谷大]

A：What do you do on the train?
B：(　　　)
A：That's a good use of your time.
B：I think so. My vocabulary is really improving.

㋐ I study English.　　㋑ I listen to violin music.
㋒ I look out the window.　　㋓ I play games on my phone.

手順1 時制を考える

時制の活用をすると、問題が解きやすくなります。例えば、今回の問題だと以下の現在形を使った英文がポイントです。

What do you do on the train?
訳 電車で何をしますか。

普段の習慣を聞く**現在形**です。What do you do? は「職業は何ですか」という意味になることが多いですが、ここでは「普段から電車で何をなさっているのですか」の意味になります。この表現にはよくin your free time「空いている時間に」やfor fun「趣味で」などの語句も伴います。なお、**進行形**は「～している」と**一時的なこと**だけではなく、「～しつつある」と**途中**の意味にもなります。

手順2 会話文では相手の返答にも注意を払う

That's a good use of your time.「いい時間の使い方です」とあるので、何か時間を有意義に使っていることがわかります。また、最後にMy vocabulary is really improving.「私の語彙力が本当に高くなっています」とあり、勉強をしていることがわかります。正解は㋐です。

㋐ I study English.　訳 **私は英語を勉強します。**
㋑ I listen to violin music.　訳 私はバイオリンの音楽を聴きます。
㋒ I look out the window.　訳 私は窓の外を見ます。
㋓ I play games on my phone.　訳 私は電話でゲームをします。

考えてみよう の解答　㋐ （訳 A:電車で何をしますか。B:私は英語を勉強します。A:いい時間の使い方です。B:私もそう思います。私の語彙力が本当に高くなっています。）

演習

1 次の各文の(　　　)に入る最も適切な語(句)を、下の㋐〜㋓から1つ選びなさい。

① Nowadays, I often (　　　) snowboarding in winter. ［会津大］

㋐ go　　㋑ going　　㋒ go to　　㋓ went

①

② This ancient pine tree (　　　) because of pollution. ［群馬大］

㋐ has death　　㋑ is dying　　㋒ is died　　㋓ has dying

②

2 次の英文を和訳しなさい。

① What do you do in your free time? ［玉川大］

② People are suffering. People are dying. Entire ecosystems are collapsing.

［三重大／グレタ・トゥーンベリ氏のスピーチ］

HINT　collapse「崩壊する」

3 次の会話文の(　　　)に入る最も適切なものを、下の㋐〜㋓から1つ選びなさい。

A：I work close to here.
B：Really? (　　　)?
A：Oh, I teach high school students.

㋐ What did you expect　　㋑ What is that
㋒ Are you joking　　㋓ What do you do

CHECK
31講で学んだこと

- □ 現在形は普段から行うことを表す
- □ 進行形は途中・一時的の意味を表す
- □ What do you do? は語句を伴い、趣味や習慣などを聞ける

32講　過去形は過去の1点を表し、現在完了は今にも影響がある

過去形と現在完了の識別

▶ ここからつなげる 過去形と現在完了の識別は重要です。どんなふうに使い分けるのかの基準を持っておくことで、英作文でも使いこなせるようになります。過去形は過去の1点を表すこと、現在完了は今に影響を及ぼすことをつかんでいきましょう。

考えてみよう

次の和文の意味を表すように、(　　　)内の語(句)を並べ替えなさい。　［東北学院大］

今までのところ、このコンピューターは私が英語を勉強するのに役立っている。
So (　　　), (　　　) (　　　) (　　　) (　　　) (　　　) English.
(far / has / helped / me / study / this computer)

So ________, ________________________________ English.

手順1 文の時制を考える

時制が**過去形**か**現在完了**かを識別します。so far「今までのところ」が**過去から現在までをつなげる語句**になっているので、現在完了を使います。**have ＋過去分詞**の形に当てはめて、「過去から現在に何かしらの影響を及ぼしている」ことを表現します。

So far, this computer has helped ～.
has ＋ p.p.

主語がthis computerなので、**三単現のsをつけてhas**を使います。過去の1点を表し、かつ過去を表す語句を伴うときには過去形を使います。一方、過去にしたことが今にも影響を及ぼすときには現在完了を使うと押さえておけばOKです。過去形と現在完了の違いを以下の例文で確認しましょう。

例文
I lost my commuter pass yesterday.　訳 私は昨日定期券をなくした。(今は不明)
I have lost my commuter pass.　訳 私は定期券をなくした。(今も手元にない)

手順2 helpの語法を考える

現在完了は他の文法単元とのコラボもよくあります。文型や語法などと絡めて出題されることも多く、今回はhelpの使い方が決め手になります。

So far, this computer has helped me study English.
S　V　O　動詞の原形

help O 動詞の原形「Oが～する手助けになる」の語法です。現在完了は単元を横断して問われるので、時制と合わせてチェックしてみてください。

 考えてみようの解答　far / this computer has helped me study

演習

演習の解答 ➡ 別冊P.30

1 次の各文の(　　)に入る最も適切な語(句)を、下のア～エから1つ選びなさい。

① I (　　) the country ten years ago. ［白百合女子大］

ア had visited　イ have visited　ウ visited　エ was visited

①

② Six years (　　) since I started working for this company. ［同志社女子大］

ア has been passed　イ have passed　ウ is passing　エ passes

②

2 次の和文の意味を表すように、(　　)内の語(句)を並べ替えなさい。

① それは、今までした中で最高の決断でした。 ［明治大付属中野高校］

It was (made / that / ever / decision / I / the best / have).

It was ______________________________.

② 姉がロンドンに引っ越して10年が経つ。 ［西南学院大］

It (been / sister / years / has / my / since / elder / ten) moved to London.

It ______________________________ moved to London.

3 次の和文を英訳しなさい。

① こんな美しい絵画は見たことがない。 ［大阪医科薬科大］

____

② 私の姉はスペインに行ったことがないけれど、スペイン語が話せる。 ［愛知学院大］

____

____

✔ CHECK
32講で学んだこと

☐ 過去形は過去を表す語句と使うのが原則
☐ 過去にしたことが今にも影響を及ぼすときには現在完了を使う

33講　現在完了進行形は動作動詞に注目

現在完了と現在完了進行形の識別

▶ ここからつなげる　現在完了と現在完了進行形の識別はよく問われます。現在完了進行形には継続用法（ずっと～している）しかありません。特に動作動詞を中心に用いるため、状態動詞と動作動詞の識別を含めてマスターしていきましょう。

考えてみよう

次の和文を英訳しなさい。

ジャック（Jack）はレポートに1週間ずっと取り組んでいます。

____

手順1　現在完了と現在完了進行形を識別する

「ずっと～している」を表すときは**状態動詞**か**動作動詞**かによって扱いが変わってきます。この日本語では「取り組む」という動作動詞が使われているので、こういうときは**現在完了進行形**を使います。have + p.p. と be動詞 + Ving形が合体した**have been Ving**という形です。現在完了進行形は現在完了の継続用法の強調で、「ずっと～している」ことを表すのです。

図

have + **p.p.**
　　　be + Ving　= have been Ving

これはbe動詞の部分をp.p.化するということです。be動詞をp.p.にすると、beenになります。have been Vingを使うことで**現在も進行中**と伝わるのです。

手順2　語句を正確につかむ

「1週間ずっと」とあるので、sinceを使うのか、forを使うのかを識別します。sinceは直後に過去を表す語句や節（過去形を含むSV構造）を伴います。一方で、期間を表すときにはforを使います。この場合、1週間なのでfor a weekになります。

Jack has been working on a paper for a week.
　　　has been Ving

なお、ここではa paper「レポート・論文」を用いています。「レポート」の意味を表すときはpaperにaをつけたa paperを使うのが一般的です。

これは「紙」ではなく、「**世の中にたくさんある中の1本のレポート**」を表します。

考えてみよう の解答　Jack has been working on a paper for a[one] week.

演習の解答 ➡ 別冊P.31

演習

1 次の各文の(　　　)に入る最も適切な語(句)を、下の㋐～㋓から1つ選びなさい。

① (　　　) have you been waiting for the bus?　［武蔵野大］
㋐ When　㋑ How often　㋒ Who　㋓ How long

①

② Have you seen John (　　　)?　［共立女子大］
㋐ lastly　㋑ lately　㋒ later　㋓ latter

②

2 次の和文の意味を表すように、(　　　)内の語(句)を並べ替えなさい。

① わたしはここ数日エクササイズしていない。　［中央大］
I (working / been / days / few / haven't / last / out / the).

I ______________________________.

② 高校を卒業したら、何をするかもう決めたかい。　［宮崎大］
Have (what / you / do / after / you / will / decided) you finish high school?

Have ______________________________ you finish high school?

3 次の和文を英訳しなさい。

① 私は15年以上ずっと教え続けている。

____

② 彼は第2言語(a second language)として英語を勉強し続けている。

____

✔ CHECK 33講で学んだこと
- □ 現在完了進行形はhave been Vingを使う
- □ 「ずっと～し続けている」が動作動詞ならば現在完了進行形を使う
- □ 現在完了進行形は継続用法のみで使う

34講　過去完了は過去の1点よりも1つ前

過去形と過去完了の識別

▶ここからつなげる　過去完了は過去よりも1つ前の時制です。過去の基準点があってはじめて使うものなので、その基準点をつかむトレーニングをします。特に、他の単元と組み合わせて問われることも多い知識なので、識別の練習を深めていきましょう。

考えてみよう

次の文の(　　　)に入る最も適切な語(句)を、下の㋐～㋓から1つ選びなさい。　［鹿児島大］

After the drama (　　　), the audience began to leave the theater.

㋐ have ended　　㋑ end　　㋒ had ended　　㋓ has been ended

手順1 時制の基準を見つける

まず時制の基準点を発見します。過去形のbeganがあるので、この英文ではこの過去の基準点よりも1つ前の時制(大過去)を使うとわかります。

After the drama (　　　), the audience began to leave the theater.
（began：過去の基準点）

手順2 過去の基準点より1つ前の時制を選択する

beganの1つ前の時制なので、**過去完了**(**had + p.p.**)の形を使います。図解してみましょう。

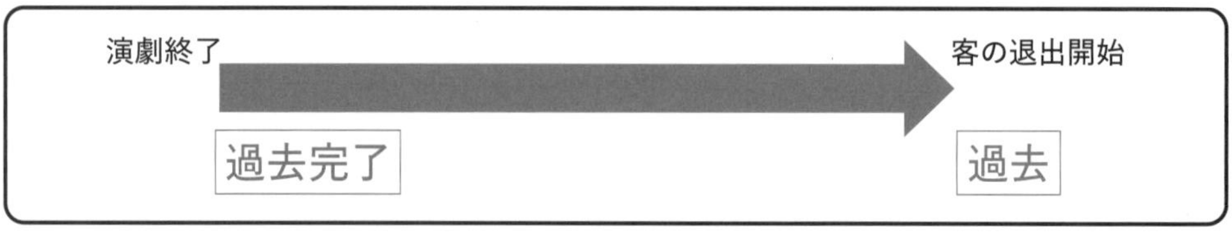

過去完了は過去よりも1つ前の地点から過去までの「ずっと～していた」や、過去よりも1つ前の時に「～してしまった」を表します。過去の基準点をチェックし、その上でそれより1つ前の出来事にはhad + p.p.の**大過去**を使います。

After the drama had ended, the audience began to leave the theater.
（had ended：1つ前の時制　began：過去の基準点）

 考えてみようの解答　㋒　(訳 演劇が終わった後で、観客は劇場を出始めた。)

演 習

1 次の各文の(　　　)に入る最も適切な語(句)を、下の㋐〜㋓から1つ選びなさい。

① Steve had already returned the DVD, so I (　　　) to do. ［熊本県立大］
㋐ had left nothing　㋑ had nothing left　㋒ had left　㋓ has left

①

② X：Oh, Lisa isn't on this train. Did anybody hear from her?
Y：She called and said the train (　　　) just before she arrived at the station. ［北海学園大］
㋐ leaves　㋑ has been leaving　㋒ has left　㋓ had left

②

2 次の和文の意味を表すように、(　　　)内の語(句)を並べ替えなさい。

① ナンシーは自分の故郷が10年前とは異なっていることに気づいた。 ［京都女子大］
Nancy found (been / different / from / had / her / hometown / it / what) ten years before.

Nancy found ______________________________
ten years before.

② その男性は急いで空港に向かったが、飛行機は離陸していた。 ［西南学院大］
The man went to the airport in a hurry (to / plane / taken / find / that / only / had / the) off.

The man went to the airport in a hurry ______________________________
__________ off.

3 次の和文を英訳しなさい。

① 私が空港に着いたとき、すでに彼はパリに発っていた。

____

② 私の彼氏はパリで撮った写真を私に見せてくれた。

____

✔ CHECK 34講で学んだこと
☐ 過去完了は過去の基準点よりも1つ前の時制を表す
☐ 時系列のチェックを必ず行う

35講　未来完了は未来を基準点とする

未来完了の用法識別

▶ここからつなげる　未来完了は現在完了と同様に時間の幅がある時制です。未来を基準点とし、過去や現在から未来までのスパンを持ちます。相性のよい語句と共に押さえることで、用法の識別がしやすくなるので、しっかりマスターしましょう。

考えてみよう

次の文の(　　　)に入る最も適切な語(句)を、下の㋐～㋓から1つ選びなさい。　［東海大］

In September, I (　　　) steadily working toward my doctorate for ten years;
I can't wait to finish it!

㋐ will be　　㋑ would be　　㋒ will have been　　㋓ would have been

手順1　時制のヒントになる語句を見つける

時制のヒントになる語句の発見がポイントです。まず、後ろのI can't wait to finish it!「修了するのが待ちきれない」から、In September「9月に」が未来に関することだとわかります。for ten yearsは「10年間」なので、この英文は「(未来において)10年間ずっと～していることになる」という未来完了の意味になります。**未来の基準点**が9月です。

手順2　未来と未来完了の識別をする

もし㋐のwill beを選ぶと、will be Vingの形になります。「(未来において)一時的に～しているだろう」となり、10年間という長いスパンを表すことはできません。㋑や㋓は仮定法ですから、現実にはないことになります。正解は㋒ **will have been**になります。この**未来完了**の**will have p.p.**は図解すると次のとおりです。

図

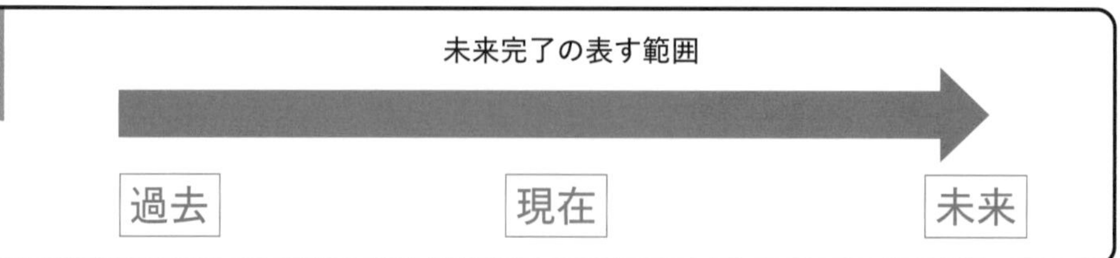

基準点が未来になりますから、過去や現在の地点から未来のある地点まで時のつながりを持ちます。ここでは期間を表すforが継続用法「(未来において)ずっと～しているだろう」と相性のよい語句です。なお、このようなwill have been Vingの形は未来完了進行形となります。

考えてみようの解答　㋒　(訳 9月に、私は10年間博士号取得に向けて着実に取り組んでいることになるだろう。修了するのが待ちきれない！)

演習の解答 ➡ 別冊P.33

演習

1 次の各文の(　　　)に入る最も適切な語(句)を、下の㋐～㋓から1つ選びなさい。

① I will have finished my homework by the time you (　　　) back. [京都橘大]
㋐ came　　㋑ come　　㋒ to come　　㋓ will come

①

② I'm afraid the charity concert (　　　) by the time you get to the music hall. [川崎医科大]
㋐ begins　　㋑ began　　㋒ has begun　　㋓ will have begun

②

2 次の和文の意味を表すように、(　　　)内の語(句)を並べ替えなさい。

① もし私が再びパリを訪れれば、私は4回そこに行ったことになる。 [同志社女子大]
If (will / again, / I / four times / Paris / have been / there / visit / I).

If ______________________________.

② 私たちはジョンの電車が来る頃までには駅に着いていることだろう。 [福岡大]
We (arrived / at / by / have / the time / will / station / the) John's train comes.

We ______________________________
John's train comes.

3 次の文のうち、最も英文として適当なものを、㋐～㋓から1つ選びなさい。 [関西外国語大]

㋐ I will finish packing until you will come to help me.
㋑ I will have finished packing by the time you come to help me.
㋒ I will be finishing to pack before you will have come to help me.
㋓ I have finished packing until you came to help me.

✔ CHECK
35講で学んだこと

□ 未来完了は過去・現在から未来までの時の繋がりを表す
□ 語句によって時制を見抜く

36講 主語と述語の関係や単元コラボを見抜く

時制のまとめ

▶ここからつなげる これまで学んできた時制の識別の知識を活用して、実践的な問題を解いてみましょう。特に、主語と述語のチェックや時制の単元コラボに気をつけながら、満点を狙ってみてください。英作文力の強化にもつながります。

考えてみよう

次の文の(　　)に入る最も適切な語(句)を、下の㋐〜㋓から1つ選びなさい。 [獨協大]

Recently, a healthy diet, along with physical activity, has (　　) as a good defense against cancer.

㋐ been recommending　　㋑ recommending
㋒ recommended　　㋓ been recommended

手順1 主語と述語の関係(主述関係)をチェックする

時制の問題では意外と**主述関係のチェック**で差がつきます。例えば、この問題ではa healthy dietが主語です。なお、along withの作るカタマリは副詞句なので、主語には含めません。主語が単数なので、三単元のsのついたhasになっています。

Recently, a healthy diet (主語), (along with physical activity), has (　　) (述語) 〜.

手順2 時制と単元コラボになる進行形や受動態を見抜く

時制の絡む進行形や受動態の識別がポイントです。今回はhave been Ving「ずっと〜し続けている」という**現在完了進行形**にするのか、それともhave been p.p.「ずっと〜されてきた」の**現在完了受動態**にするのか識別が問われます。a healthy diet「健康的な食事」は無生物ですから、自ら「勧める」ことはできません。「がんに対する効果的な予防」として「勧めら<u>れて</u>きた」とわかります。

Recently, a healthy diet (S), along with physical activity,
has been recommended (has been p.p.) as a good defense against cancer.

現在完了受動態はhave + p.p.(現在完了)とbe + p.p.(受動態)の形が合体したものです。be動詞の部分をbeenにしている点に着目しましょう。この形は重要なのに手薄になりやすい知識なので、しっかりとチェックしておいてください。

 考えてみようの解答 ㋓ (訳 最近、健康的な食事は運動と合わせて、がんの効果的な予防として勧められてきた。)

演習

1 次の各文の(　　)に入る最も適切な語(句)を、下のア～エから1つ選びなさい。

① "(　　) me?" "Yes, of course." ［同志社女子大］
ア Are you still remembering　イ Do you still remember
ウ Had you still remembered　エ Have you been remembering

①

② Because of the super-aging society, the number of elderly patients (　　). ［慶應義塾大］
ア are increasing　イ increase　ウ is increasing　エ will increasing

②

2 次の和文の意味を表すように、(　　)内の語(句)を並べ替えなさい。

① 私たちはバスがとうとうやってきたとき、1時間待ち続けていた。 ［青山学院大］
We (came / an hour / the bus / had been waiting / when / for / finally).

We ______________________________

______________.

② マーティンは月曜日で20年間銀行に勤めていることになるだろう。 ［南山大］
Martin (been / years / working / the bank / twenty / have / for / at / will) on Monday.

Martin ______________________________

on Monday.

3 次の和文を英訳しなさい。 ［学習院大］

この小説はまだ日本語に訳されていません。

This novel ______________________________.

✔ CHECK
36講で学んだこと

□主語と述語の関係に気をつける
□現在完了進行形や現在完了受動態の識別に注意

37講　助動詞を理解する

助動詞の識別

▶ ここからつなげる 助動詞を正確に理解するためにはコンテクスト(文脈)が極めて重要です。周辺の情報を理解しながら問題を解く必要があるので、原義だけではなくその意味の広がりにまで目を配って理解を深めていきましょう。

考えてみよう

次の文の(　　　)に入る最も適切な語(句)を、下の㋐〜㋓から1つ選びなさい。　［広島修道大］

When Mona was a small child, she (　　　) spend hours every day playing alone with Lego blocks.

㋐ used　　㋑ would
㋒ should　　㋓ was

手順1 周辺情報をチェックする

助動詞の問題を解くときには**周辺情報のチェック**が欠かせません。まずは時制のチェックです。いつのことなのかわかれば、答えが絞り込めます。次に形を見ましょう。形とは後ろに動詞の原形を取るのか、それともtoが必要なのかなどです。

When Mona was a small child,
過去形

she (　　　) spend hours every day playing alone with Lego blocks.
過去形が来ると予想でき、また直後に動詞の原形があることに注目

このように整理しておくことで、選択肢を見る前にある程度解答のあたりがつけられます。

手順2 形と意味の両方から攻める

㋐や㋓は過去形ではありますが、直後に動詞の原形を取れません。つまり、この問題は事実上の2択問題と言えます。㋑wouldか㋒shouldのいずれかです。

When Mona was a small child, she would spend hours every day playing alone with Lego blocks.

shouldはshallの過去形ではありますが、現代英語では「〜すべき」と現在の意味になってしまい文脈に合わないので、正解は㋑ **would**です。これは「昔よく〜したものだ」という**懐古的な意味**(昔を懐かしむ用法)を持ちます。子どもの頃を振り返っての話なので、過去の意味を持つwouldが問われているのです。このように、助動詞の意外な意味は大学入試では狙われやすいポイントになっています。

 考えてみようの解答 ㋑ (訳 モナが幼い子どもだったとき、毎日レゴのブロックで一人で遊んで何時間も過ごしていたものだ。)

演習の解答 ➡ 別冊P.35

演習

1 次の各文の(　　　)に入る最も適切な語(句)を、下の㋐〜㋓から1つ選びなさい。

① When deciding Gengo (the Japanese era names), there are several requirements. First, it (　　　) consist of two kanji characters. ［東京薬科大］

㋐ have to　㋑ should be　㋒ must　㋓ would

①

② My mother always tells me that I (　　　) swim immediately after eating. ［南山大］

㋐ don't　㋑ haven't　㋒ shouldn't　㋓ wasn't

②

2 次の英文を和訳しなさい。

① The door wouldn't open however hard I tried.

② Conflicts between science and business may occur due to their differing methods. ［慶應義塾大］

HINT　conflict「衝突」

3 次の和文を英訳しなさい。 ［奈良教育大］

私は人々や社会のためになにかよいことをすべきだ。

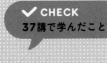

✔ CHECK 37講で学んだこと

☐ 助動詞は時制や周辺情報をチェックする
☐ 助動詞の意外なwould「よく〜したものだ」の意味は狙われる

38講　助動詞の言い換え表現の使用場面を知る

助動詞の言い換え

▶ここからつなげる ここでは助動詞の言い換え表現を学びます。助動詞と同じように使えることが多いですが、表現が違えばニュアンスが異なるものもあります。また、これは助動詞を並べて併用したいときの切り札にもなります。

考えてみよう

次の文の(　　)に入る最も適切な語(句)を、下の㋐～㋓から1つ選びなさい。［神奈川大］

Practice a lot, and you (　　) the song soon.

㋐ could almost play　　㋑ would have played
㋒ will be possible to play　　㋓ will be able to play

手順1　命令文 and に着目する

命令文 and は後ろに**プラスの内容**が来ます。この形を見て、「～しなさい。そうすればプラスの内容だ」という流れを予想しましょう。この文脈だと現実味を帯びた話が続くのが妥当です。㋐と㋑は仮定法であり、㋐は可能性の低さ、㋑は過去の想像を表すため合いません。

手順2　助動詞の言い換えを知っておく

また㋒ will be possible to play は人を主語に取ることができません(使用例は下記)。

例文　It is possible for students to go to school by bike.
訳 生徒は自転車で通学することが可能です。

よって答えは㋓です。一番大切なのは、**will＋動詞の原形**という形は can とは併用不可ですが、can を言い換えた be able to＋動詞の原形ならば一緒に使うことができることです。

表現　will be able to＋動詞の原形
訳 ～することができるようになるだろう

このような言い換えをまとめると次のようになります。

助動詞	言い換え表現	言い換え表現の特徴
can	be able to＋動詞の原形	**現実にできること**に使う
will	be going to＋動詞の原形	**計画が未来に進んでいる**ことに使う
must	have to＋動詞の原形	**周囲からの圧力**に使う
should	ought to＋動詞の原形	**肯定文**で使う

 考えてみようの解答 ㋓ (訳 たくさん練習しなさい。そうすればすぐにその曲を演奏することができるようになるでしょう。)

演習の解答 ➡ 別冊 P.35

演習

1 次の各文の(　　　)に入る最も適切な語(句)を、下の㋐〜㋓から1つ選びなさい。

① You (　　　) call an ambulance unless it is a serious situation. ［松山大］

㋐ might　　㋑ ought to　　㋒ mustn't　　㋓ should

①

② I read your email and thought I (　　　) be able to help you. ［東京経済大］

㋐ never　　㋑ might　　㋒ will have　　㋓ had

②

2 次の英文を和訳しなさい。

① I'm hoping that I will be able to figure out what I really want to do with my life. ［中部大］

② After a few experiments with the various possibilities, you probably will be able to select the best way. ［成蹊大］

3 次の会話文の(　　　)に入る最も適切なものを、下の㋐〜㋓から1つ選びなさい。 ［武蔵野大］

A：How's it going, Bob?
B：Great. (　　　)

㋐ I'm on my way to hospital.　　㋑ I was in a car accident.
㋒ I'm going to see my little sister.　　㋓ I was late for my biology class.

✔ CHECK 38講で学んだこと

- □ 助動詞は並べて併用できない
- □ 助動詞を2つ併用したいときには助動詞＋助動詞の言い換え表現を用いる

39講　過去に対する今の主観に注意

助動詞＋have＋p.p.の識別

▶ここからつなげる 過去に対して今何らかの気持ちを抱いているときに助動詞＋have＋p.p.の形を使います。過去に対する今の感想と捉えてOKです。文脈によって使い分けがあるので、周辺情報のヒントを見逃さずに識別を行いましょう。

考えてみよう

次の文の(　　　)に入る最も適切な語(句)を、下の㋐〜㋓から1つ選びなさい。　[鎌倉女子大]

Oh dear, the bus is not coming. I'll be late for the meeting. I (　　　) have left home earlier than usual.

㋐ would　　㋑ could　　㋒ might　　㋓ should

手順1 文脈のチェックをする

助動詞＋have＋p.p.の識別は文脈が重要です。話者はバスに乗れないことで、会議に遅れそうだと嘆いています。この問題はその前提を踏まえた上で答えを出すことが求められているのです。

手順2 助動詞 have＋p.p.の識別をする

㋐、㋑、そして㋒は仮定法過去完了で使われるものです。「過去に〜しただろう／できただろう」の意味なので、**過去に対する今の強い後悔**を表すことはできません。

I should have left home (earlier than usual).
S　V　M　M

過去に対する今の強い後悔を表すのは**should have p.p.**「〜すべきだった(のに実際にはしなかった)」です。この**助動詞の過去形＋have＋p.p.**は重要な知識なので、以下整理しましょう。

助動詞＋have＋p.p.	意味
must have p.p.	〜したに違いない
cannot have p.p.	〜したはずがない
may have p.p.	〜したかもしれない
should have p.p.	〜すべきだったのに
need not have p.p.	〜する必要がなかったのに

考えてみよう の解答 ㋓ (訳 なんということだ、バスがやって来ない。会議に遅れてしまう。いつもより早く家を出るべきだったのに。)

演習

1 次の各文の(　　　)に入る最も適切な語(句)を、下のⒶ～Ⓔから1つ選びなさい。

① It (　　　) easy for him to enter the building because he had the master key. ［芝浦工業大］

㋐ must be　㋑ must have been　㋒ shouldn't be　㋓ shouldn't have been

①

② My gloves were nowhere to be found. I (　　　) them in the taxi. ［獨協医科大］

㋐ must leave　㋑ couldn't leave　㋒ may have left　㋓ might left

②

2 次の和文の意味を表すように、(　　　)内の語(句)を並べ替えなさい。

① 何か恐ろしいことが起こったのかもしれない。 ［高知大］

(happened / have / something / dreadful / may).

______________________________.

② 彼はあんなに速く話すべきではなかった。 ［東京海洋大］

He (fast / have / so / should / spoken / not).

He ______________________________.

3 次の日本文の意味を正しく表すものを、下の㋐～㋓から1つ選びなさい。 ［國學院大］

Sallyが先週ロンドンにいたはずがない。彼女はパスポートを持っていないんだから。

㋐ Sally must have been in London last week; she doesn't have a passport.

㋑ Sally didn't have been in London last week; she doesn't have a passport.

㋒ Sally can't have been in London last week; she doesn't have a passport.

㋓ Sally couldn't be in London last week; she doesn't have a passport.

✔ CHECK
39講で学んだこと

□ 助動詞＋have＋p.p.は過去に対する今の主観を表す
□ must have p.p.、cannot have p.p.など、助動詞have＋p.p.の意味を押さえる

40講　助動詞の過去形は仮定法の目印

if節のない仮定法

▶ここからつなげる　助動詞の過去形は仮定法の目印になります。これはif節のない仮定法を見抜く上で大きな武器になるので、ぜひしっかりと攻略していきましょう。英文読解や作文でも重要なポイントが目白押しです。

考えてみよう

次の文の(　　　)に入る最も適切な語(句)を、下の㋐～㋓から1つ選びなさい。　[亜細亜大]

But for your advice, our venture would never have succeeded.
= If we (　　　) your advice, our venture would never have succeeded.

㋐ got　㋑ have got　㋒ were not gotten　㋓ had not gotten

手順1　if節のない仮定法を見抜く

助動詞の過去形を見つけたら、まずは**仮定法**を考えてください。仮定法は助動詞の過去形により表されます。これが目印となります。

But for your advice, our venture would never have succeeded.
（would never have succeeded：助動詞の過去形＋have＋p.p.）

このように、**助動詞の過去形＋have＋p.p.**の時点で、**仮定法過去完了**と見抜くことができます。

手順2　if節の代用になる「条件」を見つける

if節がなくとも、「もし～」という仮定の**条件の代用**になるものがあります。⑴副詞のカタマリの中に仮定の要素がある ⑵主語の中に仮定の要素がある、というパターンが圧倒的に多いです。

But for your advice, our venture would never have succeeded.
（But for your advice：if節の代用／would never have succeeded：助動詞の過去形＋have＋p.p.）

ここでは、副詞句のbut for ～が条件の代用として「もし～がなかったら」の意味に解釈できます。仮定法過去完了なので、if節に戻すときはIf＋S had＋p.p.の形を使えばOKです。選択肢を見ると、仮定法過去完了を使っており、かつ文意に合うのは㋓となります。

考えてみようの解答　㋓　(訳 もし君の助言がなかったら、私たちの冒険的事業は成功することはなかっただろう。)

演習

演習の解答 ➡ 別冊P37

1 次の各文の(　　)に入る最も適切な語(句)を、下の㋐～㋓から1つ選びなさい。

① (　　) a little more care from them, he would not have failed. ［日本大］

㋐ If he has　㋑ If it were not for　㋒ With　㋓ Without

①

② Without computer graphics, no director (　　) made movies so imaginatively in the 1990s. ［デジタルハリウッド大］

㋐ had been　㋑ would be　㋒ were　㋓ could have

②

2 次の英文を和訳しなさい。

① With a little more patience, Tom would be an outstanding athlete. ［武蔵野大］

HINT outstanding「ずば抜けた」

② Hearing her speak French, you would think that Ellie lived in France. ［獨協大］

3 次の和文の意味を表すように、(　　)内の語(句)を並べ替えなさい。不要な語(句)が1つあります。 ［成蹊大］

諜報機関ならば、決して構成員の本当の名前や住所を明かさないだろう。
(would / organization / if / a / secret / never) let you know the real names and adresses of its members.

let you know the real names and adresses of its members.

CHECK 40講で学んだこと

- □ 助動詞の過去形は仮定法の目印
- □ if節の代わりに、副詞のカタマリの中に仮定の要素がある場合がある
- □ if節の代わりに、主語の中に仮定の要素がある場合がある

41講　丁寧表現の目印を押さえる

仮定法の丁寧表現

▶ここからつなげる 助動詞の過去形を使うと、「もしよろしければ」や「実際には難しいかもしれないけれど」という配慮のニュアンスが伝えられます。丁寧表現としての仮定法を深め、会話文やリスニングでの得点力を高めていきましょう。

考えてみよう

次の和文の意味を表すように、(　　　)内の語(句)を並べ替えなさい。不要な語(句)が1つあります。

［東京理科大］

音を小さくしていただけるとありがたいのですが。
I would (appreciate / could / if / it / thank / turn / you) down the volume.

I would ______________________________
down the volume.

手順1 「～していただけるとありがたい」から丁寧表現を見抜く

「ありがたい」があるので、**丁寧表現**に慣れていないとthankを使うと思ってしまうかもしれません。しかし、実際にはこれはI would appreciate it if S could Vの形で**仮定法の丁寧表現**を使います。appreciateはap-が「加える」の意味で、preciateが「価値をつける」を表します。「相手のしてくれたことに価値をつけ加える」ことから「感謝する」の意味になりました。

手順2 I would appreciate it if S could Vの形を活用する

この手の丁寧表現は形をしっかりと押さえておけば確実に得点できます。wouldは**助動詞の過去形**なので、「(もしこんなことがあれば)～でしょう」と丁寧なニュアンスを出します。

itはif節以降の予告

I would appreciate it [if you could turn down the volume].　ifは副詞節

S　V　O

itは、特殊な使い方をしています。これから**if節を述べることの予告**になっているのです。ifは接続詞ですから後ろには**SVの構造**を取ります。また、後半は**仮定法過去**で、if + S + 過去形という構造を取ればOKです。
この他にもwonderを使った丁寧表現が狙われます。次の例も押さえておきましょう。

例文
I was wondering 〈if you could turn down the volume〉.
ifは名詞節を作る
訳 音を**小さくしていただけますでしょうか。**

　考えてみようの解答　appreciate it if you could turn／不要語はthank

演習の解答 ➡ 別冊P.38

演習

1 次の各文の(　　)に入る最も適切な語(句)を、下の㋐～㋓から1つ選びなさい。

① I (　　) it if you would give me a reply by the end of this month. [日本大]

㋐ am appreciated　　㋑ would be appreciated
㋒ am appreciating　　㋓ would appreciate

①

② A：Would you like to use my pen?
B：(　　). I can only write with my own. [法政大]

㋐ No, thanks　　㋑ Yes, please　　㋒ That's enough　　㋓ Come again

②

2 次の英文を和訳しなさい。

① I was wondering if you could give me a hand. [東京理科大]

____

② Could you pick me up at the airport on Friday? [駒澤大]

____

3 次の和文の意味を表すように、(　　)内の語(句)を並べ替えなさい。不要な語(句)が1つあります。

メールに添付しました応募用紙を受理していただけますと幸いです。
(　　)(　　)(　　) if you could accept my application form, (　　)(　　)(　　).
(this e-mail / it / I'd / delight / appreciate / to / attached)

______________________________ if you could accept my application form,

______________________________.

✔ CHECK
41講で学んだこと

☐ 仮定法は丁寧表現に使われる
☐ I would appreciate it if S could V「～していただけるとありがたい」は丁寧表現
☐ I was wondering if S＋過去形も押さえる

42講　時制のズレがある混合型の仮定法

仮定法の時制のズレの識別

▶ここからつなげる 仮定法の問題も応用問題として、主節と副詞節で時制がズレる仮定法が出題されます。この時制のズレの問題は受験生泣かせですが、このテーマで学ぶ〈今ワード〉というキーワードさえ押さえておけばバッチリです。

考えてみよう

次の文の(　　　)に入る最も適切な語(句)を、下の㋐～㋔から1つ選びなさい。　［高知大］

If it had not been for his help, she (　　　) now.

㋐ would not have been alive　　㋑ must not have been alive
㋒ would not be alive　　㋓ is not alive
㋔ had not been alive

手順1 混合型の目印を知る

今回のような**混合型仮定法**、つまり副詞節と主節の間に時制のズレがある仮定法は応用問題として出題されます。これを見抜く方法は以下のような**〈今ワード〉に着目すること**です。

- now「今」
- today「今日」
- still「いまだに」　※be動詞の前に置く
- what I am「今の私」　※現在形で今ワードの役割

now と today は文末に使われますが、**still は文中**に来るので、注意が必要です。what I am は難関大ではbe動詞の現在形から見抜かせる問題が出ており、最新傾向になっています。

手順2 〈If＋S＋had＋p.p., S＋助動詞の過去形＋今ワード〉で押さえる

副詞節が仮定法過去完了でも、〈今ワード〉があれば「過去に～していたら、今～だろう」という意味になるため、主節は仮定法過去を使います。仮定法の仕上げに、時制のチェックを徹底しましょう。

If it had not been for his help, she would not be alive now.
（had not been：仮定法過去完了／would not be：仮定法過去／now：今ワード）

慣れるまでは時制や内容の整理も効果的です。

図解　助けがあった(過去) ──→ 今生きている(現在)

考えてみようの解答　㋒　(訳 もし彼の助けがなかったら、今彼女は生きていないだろう。)

演習

1 次の各文の(　　　)に入る最も適切な語(句)を、下のㇾ~ㇹから1つ選びなさい。

① If he had won the contest, he (　　　) famous now. ［武蔵大］

㋐ is　㋑ was　㋒ will be　㋓ would be

①

② If I had followed your advice and saved money at that time, I (　　　) much better off now. ［立教大］

㋐ am　㋑ had been　㋒ must be　㋓ would be

②

2 次の英文を和訳しなさい。

① If it had not been for your help at that time, Mark would not be the successful person that he is today. ［福岡大］

____

____

② If he had taken a taxi, Mr. Johnson would be here now. ［北海道医療大］

____

3 次の和文の意味を表すように、(　　　)内の語(句)を並べ替えなさい。 ［西南学院大］

あのとき弟が私の助言を聞いていれば、今ごろ俳優として成功しているだろうに。
If my (had / advice / brother / then / my / taken), he would be a great actor now.

If my ______________________________,
he would be a great actor now.

✔ CHECK
42講で学んだこと

- ☐ 混合型の目印は〈今ワード〉
- ☐ now / still / today / what I am の〈今ワード〉を押さえる
- ☐ 時系列を整理して、丁寧にチェックする

43講　仮定法現在はまだ行っていないこと

仮定法現在の識別

▶ここからつなげる　仮定法現在は相手がまだ行っていない行動を勧めるので、命令文のような発想の文です。なぜ動詞の原形を使うのか、ズバリどのように問われるのかまで押さえていきましょう。

考えてみよう

次の文の(　　　)に入る最も適切な語(句)を、下の㋐〜㋓から1つ選びなさい。

I recommend that he (　　　) the journalist.

㋐ sees　㋑ saw　㋒ see　㋓ would see

手順1　命令文の発想をつかむ

仮定法現在は**命令文のような発想**が特徴です。命令文では相手がまだ行っていないことであるために、動詞の原形を使います。

例文
Open the door.
訳 ドアを**開けなさい**。

この考え方は**仮定法現在**にも当てはまります。ここでの「勧める」のような動詞は相手がまだ行っていないことに関して使われるので、that節内で動詞の原形を使うことで、現実にはそうなっていないことを伝えるのです。次のような動詞はthat節内で動詞の原形を使います。

- recommend「勧める」
- propose「提案する」
- suggest「提案する」
- demand「要求する」
- insist「主張する」

手順2　that節内の主語と動詞をチェックする

that節内はheが主語なので、一見すると三単現のsがついた形を使いそうです。しかし、この英文は上で紹介したようなrecommend「勧める」があるため、まだ彼が**行っていないこと**になり、動詞の原形を使います。

I recommend that he see the journalist.
訳 私は彼がそのジャーナリストに会うことを勧めます。

今回は問われませんでしたが、まれにshould seeが選択肢にあり、正解になることがあります。これはまだ行っていないことを提案するときに伴う「〜すべき」というニュアンスからshouldが入ると考えればOKです。

 考えてみよう の解答 ㋒ (訳 私は彼がそのジャーナリストに会うことを勧めます。)

演習

1 次の各文の(　　　)に入る最も適切な語(句)を、下のア～エから1つ選びなさい。

① Rumi's parents recommended she (　　　) an English writing class at college. ［共立女子大］

ア take　　イ takes　　ウ taking　　エ took

①［　　　　］

② I requested that she (　　　) of her condition. ［関西学院大］

ア kept me informing　　イ kept my informed
ウ keep me informed　　エ keep my informing

②［　　　　］

2 次の英文を和訳しなさい。

① I strongly recommended that she accept this offer in front of us. ［駒澤大］

____

____

② The architect recommends that our house be painted regularly if we want it to last. ［日本女子大］

____

____

HINT　last「長持ちする」

3 次の和文を英訳しなさい。

① 私はあなたが日記をつけることをお勧めします。

____

② 彼はメアリー(Mary)が小倉先生(Mr. Ogura)のところを訪れるように提案した。

____

CHECK 43講で学んだこと

- □ 仮定法現在は命令文と同じ発想
- □ 相手がまだ行っていない行為には動詞の原形が使われる
- □ 仮定法現在ではrecommendやsuggestなどが狙われる

44講　過去・現在・未来の識別をする

仮定法の時系列の識別

▶ここからつなげる 仮定法は知識を運用するときに頭の中に時系列が浮かぶことが最も重要です。慣れれば一瞬ですが、識別の際はクリアにする必要があるため、整理しながら理解を深めていきましょう。

考えてみよう

次の文の(　　　)に入る最も適切な語(句)を、下の㋐～㋓から1つ選びなさい。　[武蔵野大]

The concert was fantastic. I wish you (　　　) there.

㋐ could be　　㋑ could have been　　㋒ were　　㋓ would be

手順1 時系列を見抜く

wishの絡む問題では**時制に関する情報チェック**が不可欠です。1文目がヒントになります。

The concert was fantastic.
（was：過去形）

この**過去形の時制**が発見できれば、2文目も**時制は過去であろうと予想**ができます。

手順2 仮定法過去と仮定法過去完了の形と時系列に注意

㋐、㋒、㋓のような〈I wish + S + were[would, could]〉は仮定法過去なので、「現在そこにいればなあ」という意味になるため、直前の過去形と矛盾します。

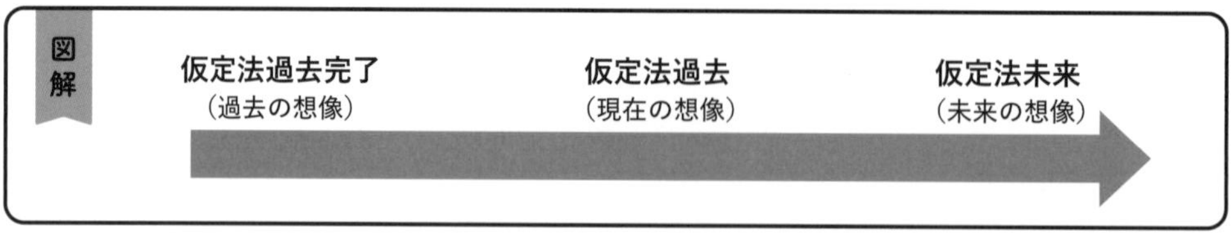

I wishの英文を過去の想像にするにはhad + p.p.や助動詞の過去形 + have + p.p.が必要です。正解は㋑です。

I wish you could have been there.　⇒今の気持ちとして「あのときこうだったらよかったなあ」という願望を表す
（could have been：仮定法過去完了）

なお、〈If + S + were to + 動詞の原形～, S + 助動詞の過去形 + 動詞の原形〉や〈If + S + should + 動詞の原形, 命令文.〉の仮定法未来も思い出しましょう。〈as if + 仮定法過去〉で「まるで～のように」を表せることも要チェックです。

 考えてみようの解答 ㋑ (訳 コンサートは素晴らしかった。あなたがそこにいられたらよかったのになあ。)

演習

1 次の各文の（　　）に入る最も適切な語(句)を、下のア～エから1つ選びなさい。

① I've been sick in bed for three days. I wish I (　　　) yesterday's meeting. ［水産大学校］

ア could attend　　イ could have attended
ウ had been attended　　エ attended

①

② (　　　) anything in mind, please share it with us all, because it can open up new possibilities for our consideration. ［慶應義塾大］

ア You do have　　イ Should you have
ウ Would you have had　　エ Have you had

②

③ You look (　　　) you were thinking about something else. ［京都女子大］

ア as if　　イ as like　　ウ even if　　エ ever since

③

2 次の下線部の英文を和訳しなさい。

① I was very tired yesterday. <u>Otherwise, I would have gone shopping with my sister.</u> ［跡見学園女子大］

② It never occurred to me that <u>the gentleman might have lied.</u> ［関西学院大］

3 次の和文を英訳しなさい。 ［東京海洋大］

天気がよかったら会社まで歩いて行ったのになあ。

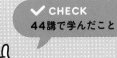

✔ CHECK 44講で学んだこと

□ 〈I wish + S + 過去形〉は仮定法過去
□ 〈I wish + S + had + p.p.〉や〈I wish + S + 助動詞の過去形 + have + p.p.〉は仮定法過去完了

45講　何と何を比べているのかを見抜く
比較対象の把握と識別

▶ここからつなげる 比較では比較対象を把握する力が大切です。〈as＋原級＋as〉を使った原級比較なのか、それとも比較級を用いた比較なのかなどをきちんと見抜く必要があります。

考えてみよう

次の和文の意味を表すように、(　　　)内の語(句)を並べ替えなさい。　［京都女子大］

自転車は自動車よりも環境にとって有益です。
Bicycles (are / beneficial / environment / more / motor / than / the / for) vehicles.

Bicycles ____
vehicles.

手順1 比較対象を把握する

比較対象を把握します。何と何を比べているかがつかめれば比較の問題は攻略しやすくなります。図解の通り「自転車のほうが自動車より有益な」と考えればOKです。

図解
自転車(bicycles) > 自動車(motor vehicles)

手順2 3音節以上の長い形容詞はmore / most型になる

3音節以上の語は比較がmore型、最上級がmost型になります。beneficialは「有益な」という意味です。ben・e・fi・cialと4音節になっていますので、moreがつきます。(beneがラテン語のgoodの意味で、-ficialは「作る」という語源なので、「有益な」という意味になりました。)

Bicycles are more beneficial for the environment than motor vehicles.
A　　B(比較対象)

thanは本来**接続詞**であり、motor vehiclesの直後にはareが省略されています。なお、**原級比較**の〈as＋原級＋as〉の構文でも名詞で終わるものとSV構造を持つものの両方があるので、要チェックです。また、名詞の反復を避けるために**代用のthat**を使うパターンもあります。

例文
The population of Tokyo is larger than that of Osaka.　thatはthe populationの代用
訳 東京の人口は大阪のそれ**よりも多い**。

 考えてみようの解答　are more beneficial for the environment than motor

演習の解答 ➡ 別冊P.42

演習

1 次の各文の(　　　)に入る最も適切な語(句)を、下のア〜エから1つ選びなさい。

① The olive tree was planted in the garden when Liam was born, but now it is (　　　) he is. ［名城大］

ア three times as tall as　　イ as three times tall as
ウ three times as taller than　　エ three times much taller than

①［　　　　　　］

② The world's most frightening dinosaur, Tyrannosaurus Rex, would have been able to run (　　　) an Olympic athlete, according to a recent study. ［東邦大］

ア as fast as　　イ fast　　ウ faster　　エ fastest

②［　　　　　　］

2 次の和文の意味を表すように、(　　　)内の語(句)を並べ替えなさい。

① 私は英語の方が数学よりもはるかに好きだ。 ［文教学院大］
I (far / English / than / like / better) math.

I ＿＿＿＿＿＿＿＿＿＿＿＿＿＿＿＿＿＿＿＿ math.

② 分析の結果、その都市の中心部の温度は郊外よりも高いことがわかった。 ［名城大］
The analysis (　　　)(　　　) of the city's central area (　　　)(　　　)(　　　)(　　　)(　　　)(　　　).
(higher / is / its suburbs / of / showed / than / that / the temperature)

The analysis ＿＿＿＿＿＿＿＿＿＿＿＿＿＿ of the city's central area

＿＿＿＿＿＿＿＿＿＿＿＿＿＿＿＿＿＿＿＿＿＿＿＿＿＿.

3 次の和文を英訳しなさい。 ［名古屋学院大］

ハイブリッド車はガソリン車よりも経済的だ。

＿＿＿＿＿＿＿＿＿＿＿＿＿＿＿＿＿＿＿＿＿＿＿＿＿＿

＿＿＿＿＿＿＿＿＿＿＿＿＿＿＿＿＿＿＿＿＿＿＿＿＿＿

HINT　hybrid cars「ハイブリッド車」　gasoline-powered cars「ガソリン車」

✔ CHECK
45講で学んだこと

- ☐ 比較は比較対象を把握する
- ☐ 〈as＋原級＋as〉は「〜と同じくらい」という意味の原級比較
- ☐ 名詞の反復を避けるため、thatで代用されることがある

46講 「クジラ構文」をつかむ

no more than と no less than の識別

▶ここからつなげる 比較ではno more thanとno less thanの識別が毎年受験生を悩ませます。しかし、シンプルなルールを理解し、もしものときの打開策を押さえておけば確実に得点源にできます。いわゆる、「クジラ構文」を徹底攻略しましょう。

考えてみよう

次の文の(　　　)に入る最も適切な語(句)を、下の㋐〜㋓から1つ選びなさい。　[法政大]

A whale is (　　　) a fish than a horse is.

㋐ such as　㋑ similar　㋒ less type　㋓ no more

手順1 クジラ構文を正確につかむ

いわゆる**クジラ構文**と呼ばれるものです。これは一見すると無関係に思えることを**たとえ話**として伝えるのに効果的な文法事項です。主張の正確な読み取りにもつながります。**A is no more B than C is D.** という形で「AがBでないのはCがDでないのと同じだ」という意味になります。

A whale is no more [a fish] than [a horse] is.　isの後にはa fishが省略されています
訳 クジラが魚でないのは馬が魚でないのと同じだ。

これは**noが比較級を強く否定**し、「ありえない」ということを伝える主張の方法です。AがBでないのはCがDでないのと同じと、A＝B / C＝Dはそれぞれ両者とも否定されています。馬が魚ではないことは自明であり、全然違う生き物だということは誰でもわかります。それをクジラでも同じことだと言っているわけです。

手順2 no more thanとの違いも知っておく

クジラ構文と異なり、no more thanがまとめて使われる場合、後ろには**数詞が来る**ことが多いです。「それより多くなることはない」⇒「〜しかない」(＝only)という意味になります。一方、no less thanは「それより少なくなることはない」⇒「〜もある」(＝as much as)となります。

例文
I have no more than 100 yen.
訳 私は100円**しか**持っていない。

また、not more thanは「それより多くない」⇒「せいぜい〜しかない、多くても〜しかない」(＝at most)、not less thanは「それより少なくない」⇒「少なくとも〜はある」(＝at least)です。

 考えてみようの解答 ㋓ (訳 クジラが魚でないのは馬が魚でないのと同じだ。)

演習の解答 ➡ 別冊P.43

演習

1 次の各文の(　　　)に入る最も適切な語(句)を、下のア〜エから1つ選びなさい。

① Because we have (　　　) 1,000 yen, we won't be able to take the train if we buy this souvenir. ［跡見学園女子大］

ア more than　　イ no more than　　ウ no less than　　エ at least

①

② We spent no less than 100,000 yen on our trip to South Korea.
≒ We spent (　　　) 100,000 yen on our trip to South Korea. ［実践女子大］

ア as such　　イ as well　　ウ at least　　エ at most

②

2 次の英文を和訳しなさい。

① There were no less than three Tanakas in the class, and this led to quite a bit of confusion. ［高崎経済大］

HINT confusion「混乱」

② As long as we keep on driving, it should take no more than three days. ［中央大］

③ Our species, Homo sapiens, is merely one species, no more unique or special than any other. ［杏林大］

HINT Homo sapiens「ホモ・サピエンス」

3 次の和文を英訳しなさい。

マナはカナに負けず劣らず美しい。

CHECK
46講で学んだこと

□ A is no more B than C is D は「AがBでないのはCがDでないのと同じだ」
□ no more than「〜しか」と no less than「〜もの」に注意

47講　否定語に惑わされない方法
否定語を使った比較の識別

▶ここからつなげる　否定語が含まれる比較は意味を真逆に取ってしまう人が多発します。最初は慎重に理解を深め、慣れてきたら一瞬でわかるようにする必要があります。しっかりとトレーニングを重ねていきましょう。

考えてみよう

次の文の(　　　)に入る最も適切な語(句)を、下の㋐〜㋓から1つ選びなさい。　[中村学園大]

I don't think this situation is so bad. It could be (　　　).

㋐ earlier　㋑ happier　㋒ wider　㋓ worse

手順1 状況を把握する

前文がヒントになります。I don't think this situation is so bad.「私はこの状況がそんなに悪いとは思わない」とあり、各選択肢を当てはめて意味が通るのは㋓のみです。㋐や㋒はそれぞれ時間の早さや幅の広さの比較なので、当てはまりません。

手順2 worseの意味をつかむ

このIt could be＋比較級〜.はプラスの内容なのかマイナスの内容なのか識別がしにくいので、整理が必要です。発想の転換ができれば、意味が正確につかめるようになります。

(1)　肯定文なのにマイナスの内容になるもの

例文
It could be better.
訳 よりよくなり得る。⇒まだまだよくはない。

(2)　プラスの内容になるもの

例文
It could be worse.
訳 より悪くなり得る。⇒まだましだ。

(3)　注意すべき否定語を含む比較表現

例文
It couldn't be better.　訳 よりよい状態はありえないだろう。⇒最高だ。
I couldn't agree more.　訳 これ以上には賛成できない。⇒大賛成だ。

以前に学んだno less 〜 than ...や、Nothing is＋比較級＋ than ...「…より〜なものはない」→「…が一番〜だ」、not so much A as B「AよりむしろB」などの表現にも注意しましょう。

　考えてみようの解答　㋓　(訳 私はこの状況がそんなに悪いとは思わない。まだましだ。)

演習の解答 ➡ 別冊P.44

演習

1 次の各文の(　　)に入る最も適切な語(句)を、下の㋐〜㋓から1つ選びなさい。

① The chef created healthy versions of the dish that were (　　) delicious than the original one. ［金城学院大］

㋐ any less　　㋑ any more　　㋒ no less　　㋓ no more

①［　　］

② Nothing is (　　) than your health. ［白百合女子大］

㋐ far bigger　　㋑ more important　　㋒ most precious　　㋓ much less

②［　　］

2 次の和文の意味を表すように、(　　)内の語(句)を並べ替えなさい。

① 大切なことは、私たちが払う犠牲よりも得られる成果だ。 ［関西学院大］

The point (as / the price / much / is / pay / the result / not so / we) we get.

The point ________________________________

________ we get.

② 自分が生きている時代の生活や慣習をきちんと守ることほどむずかしいことはほとんどない。 ［昭和薬科大］

(　　) things (　　) (　　) (　　) (　　) (　　) carefully the life and custom of one's own day.

(observe / are / to / few / harder / than)

________ things ________________________ carefully the life ～.

3 次の会話文の(　　)に入る最も適切なものを、下の㋐〜㋓から1つ選びなさい。 ［法政大］

A：Would you mind looking at my plan for our trip?
B：I looked at it already. (　　)
A：Okay. I'm glad we both like it.

㋐ It depends where we meet.　　㋑ I couldn't agree with it more.
㋒ I can't agree with that.　　㋓ I finished reading it.

［　　］

✔ CHECK
47講で学んだこと

☐ I couldn't agree more. は「大賛成」の意味になる
☐ Nothing is + 比較級 + than ...は最上級相当表現になる
☐ not so much A as Bは「AよりむしろB」の意味になる

48講　接続詞と副詞の役割の違いをつかむ
対比と譲歩の接続詞と副詞の識別

▶ここからつなげる 接続詞や副詞の識別問題は文法問題だけではなく、空所補充形式の長文でも狙われます。これらは文法の知識を有効活用して解ける問題です。良質な問題を使って、しっかりと硬派な実力をつけていきましょう。

考えてみよう

次の文の(　　　)に入る最も適切な語(句)を、下の㋐〜㋓から1つ選びなさい。　[亜細亜大]

(　　　) he did not have any money saved up, John made up his mind to leave the safety of his grandmother's house to try out life on his own.

㋐ Despite　㋑ Though　㋒ However　㋓ Instead

HINT　save up「〜を貯める」 try out「〜をやってみる」

手順1 文の構造をつかむ

構造の把握は問題を解くときに役立ちます。この問題は**主節と副詞節の関係を作る接続詞**が入りますので、副詞や前置詞を使うことができません。文の形を見るだけで、選択肢が絞れます。

(　　　) he did not have any money saved up,
接続詞　s　v　o　p.p.
John made up his mind [to leave the safety of his grandmother's house]
S　V　O　不定詞の形容詞的用法
(to try out life on his own).
不定詞の副詞的用法

手順2 各品詞をしっかりと押さえる

今回は**従属接続詞**であり、かつ譲歩の意味の㋑ **Though**「〜だけれども」が正解です。後ろにSV構造を取るため、形から見抜きやすい問題でした。以下のように識別を整理しましょう。

従属接続詞	前置詞	副詞
Though sv, SV.	Despite 名詞, SV.	However, SV.

対比を表す接続詞や副詞も重要です。「〜に対して」という対比を表します。

従属接続詞	前置詞句	副詞句
Whereas sv, SV.	In comparison with 名詞, SV.	On the other hand, SV.

考えてみようの解答 ㋑ (訳 ジョンはお金は貯めていなかったけれども、一人暮らしをしてみるために祖母の家という安全な場所を離れることを決心した。)

演習の解答 ➡ 別冊P.44

演習

1 次の各文の(　　　)に入る最も適切な語(句)を、下の㋐～㋓から1つ選びなさい。

① I haven't seen a single rain drop since I arrived in this country, (　　　) the summers back home tend to be wet and humid. [法政大]

㋐ even if　　㋑ whereas　　㋒ as far as　　㋓ so

①

② I forgot to buy a birthday present before going to the party. (　　　), there were so many presents at the party that no one noticed. [慶應義塾大]

㋐ Although　　㋑ Despite　　㋒ However　　㋓ Though

②

2 与えられた英文の内容と同じことを伝える文として最も適切なものを、下の㋐～㋓から1つ選びなさい。 [京都産業大]

① I was planning on going abroad, but I've changed my mind.

㋐ I've decided to travel to a foreign country after all.
㋑ I'm not going overseas, although I had intended to.
㋒ I've changed my travel plans, but not the destination.
㋓ I'm going to a country different to the one I'd planned.

①

② Although she was nervous when the tennis match started, she quickly came to enjoy herself.

㋐ The game was enjoyable to begin with, but quickly became stressful.
㋑ After the tennis match began, her anxiety turned into enjoyment.
㋒ Nervousness before a performance often helped her play better tennis.
㋓ She always liked playing tennis when nervous, and this match was no exception.

②

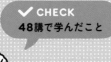

✔ CHECK 48講で学んだこと

- □ 接続詞と副詞の識別問題を見抜くには、文構造に注意
- □ 対比と譲歩の表現を押さえる

49講　接続詞の違いをつかむ

論理関係を表す表現の識別

▶ここからつなげる 論理を表す接続詞には種類があります。文同士をどう繋ぐかに関わるので、改めて等位接続詞と従属接続詞の使い分けや、副詞句の因果表現などをチェックしていきましょう。

考えてみよう

次の下線部の和文を英訳しなさい。　［鹿児島大］

Oh, I see your point. I guess that's right; we do spend most of our time online.
だから、面と向かって人と話すと新鮮に感じるね。

手順1 前後関係をチェックする

接続詞は**等位接続詞**（and「並列」/ or「選択」/ but「逆接」/ so「因果」/ for「理由の追加」/ yet「対比」）と**従属接続詞**（主と従の関係で結ぶ接続詞）の２種類があります。今回は前文の発言を根拠にして「だから～だ」と述べています。使えるのは**等位接続詞**です。原則として2文をつなぐのが接続詞の役割ですが、会話文では前の発言を踏まえて、それを根拠に次の文で結論を述べることがあります。

手順2 使う接続詞や句の識別をする

理由を表す表現の識別では、以下の表をしっかりと頭に入れておきましょう。

従属接続詞	等位接続詞	副詞句
Because sv, SV. Since sv, SV. As sv, SV. ※becauseは他2つよりも明確に理由を述べる	SV, so SV. SV. So SV.	Because of 名詞, SV. Thanks to 名詞, SV. Due to 名詞, SV.

「だから、面と向かって人と話すと新鮮に感じるね」では**等位接続詞**のsoを文頭で使います。

形式主語　真主語
So, it is refreshing 〈to talk with someone face-to-face〉.
S V C V' O' 副詞句

 考えてみよう の解答
So, it is refreshing to talk with someone face-to-face.
（訳 ああ、君の言いたいことはわかるよ。その通りだと思う。僕たちは本当にほとんどの時間をオンラインで過ごしているよ。だから、面と向かって人と話すと新鮮に感じるね。）

演習の解答 ➡ 別冊P.46

演習

1 次の各文の(　　　)に入る最も適切な語(句)を、下の㋐〜㋓から1つ選びなさい。

① Hiromi really likes Korean food, and now that I've visited Seoul with her, I (　　　), too. ［東海大］

㋐ is　㋑ have　㋒ do　㋓ am

①

② Both of your brothers are so (　　　) that it is hard to tell who is who. ［中央大］

㋐ alike　㋑ likely　㋒ resemblance　㋓ same

②

③ The baseball game won't be postponed (　　　) it looks like rain. ［大阪学院大］

㋐ because　㋑ since　㋒ even though　㋓ as

③

2 次の和文の意味を表すように、(　　　)内の語(句)を並べ替えなさい。

① あなたが適時に対処できるよう、もっと早くメールを送るべきでした。 ［龍谷大］
I (have / you / so / e-mailed / sooner / you could / that / should) react in a timely manner.

I ______________________________

______________ react in a timely manner.

② 電車が遅れたのは、大雪が原因であった。 ［西南学院大］
It (of / heavy / because / the / that / was / snow) the train was delayed.

It ______________________________ the train was delayed.

CHECK
49講で学んだこと

□ 会話では前の発言を根拠に、等位接続詞が独立して使われることがある
□ 従属接続詞・等位接続詞・副詞句の識別をする

50講　主張や省略は真の意図を伝える

主張を表す接続詞・省略の識別

▶ここからつなげる 主張を見抜く方法や接続詞の後のSVの省略などは、正確に書き手や話し手の言っていることを理解する上で重宝します。難しい単元なのですが、これから先の合格と英語力向上につながる単元です。飛躍の単元をモノにしてください！

考えてみよう

下線部の意味として最も適切なものを、下の㋐〜㋓から1つ選びなさい。　［専修大］

If faces were presented to you very quickly (for five milliseconds), you could not consciously perceive them. <u>If asked, you would say, "They are new to me."</u>

㋐ If you were asked, you would say, "I have never seen them before."
㋑ If you had been asked, you would have said, "They were not my neighbors."
㋒ If someone asks you, your answer will be that they were your friends.
㋓ If someone asked you, you would answer that you had seen them before.

手順1 ルールに照らして省略を見抜く

この問題では接続詞の後のSVが省略されており、一見するとマジックのように忽然と消えてしまったように思えてしまいます。しかし、省略にはルールがあるのです。ズバリ、同じ文中の主節内に共通する主語がある場合は、**副詞節内の接続詞のS＋be動詞が省略**できます。これはどの接続詞でもOKというわけではなく、**時、譲歩や条件の接続詞**について当てはまります。

手順2 省略を補う

主節を見ると〈S＋助動詞の過去形＋動詞の原形〉があるので、**Chapter 7**の仮定法の時系列の識別の知識も必要です。副詞節の**S＋be動詞の省略**はこのように示せます。

If {you were} asked, <u>you</u> would say, "They are now new to me."
共通する主語

以下は省略のよくあるパターンなので、しっかりと押さえておきましょう。

時を示すS＋beの省略	譲歩のS＋beの省略	条件のS＋beの省略	条件のS＋beの省略
When Ving / p.p. 〜する／されるとき	Although 形容詞 〜だけれども	If Ving / p.p. 〜する／されるなら	Unless p.p. 〜されない限り

またnorなどの否定語が文頭に来たときは、その後のSVに倒置が起こることも覚えておきましょう。

考えてみようの解答　㋐（訳 もし顔がみなさんに瞬時に(5ミリ秒)示されたら、彼らを意識して認識することはできないだろう。もし尋ねられたら、「彼らは知らない人です」と言うだろう。）

演習

1 次の各文の(　　　)に入る最も適切な語(句)を、下の㋐～㋓から1つ選びなさい。

① その科学者の発見が重要だと理解した人がいたにしても、その数は少なかった。［國學院大］
Few, (　　　), people understood the importance of the scientist's discovery.
㋐ or no　　㋑ if any　　㋒ if ever　　㋓ and quite a few

①

② パスポートを申請するときは、写真証明を出さないといけない。［成城大］
When (　　　) a passport, you must provide photo identification.
㋐ applying for　　㋑ applying　　㋒ applied to　　㋓ apply

②

2 次の和文の意味を表すように、(　　　)内の語(句)を並べ替えなさい。

① 私はパーティに行くことができなかったし、行きたくもなかった。［立命館大］
I was not able to go to the party, (to / want / nor / I / did).

I was not able to go to the party, ____________________________.

② 約90%の人は右利きであり、これは全く独自というわけでもないが、動物の世界では珍しい。［同志社女子大］
About ninety percent of human beings are right-handed, which is unusual in the animal kingdom, (quite / not / although / unique).

～, which is unusual in the animal kingdom, ____________________________.

✔ CHECK
50講で学んだこと

☐ 省略は、主節のSVに着目する
☐ 従属接続詞＋Ving / p.p.などの形をチェック
☐ 否定語の接続詞のnorの後は強制倒置が起こることに注意

音読用英文の一覧

本書でとりあげた英文を一覧で掲載しました。ここに掲載した英文は、和文と英文の読み上げ音声が収録されており、アプリを使って再生できます（➡「音声のご利用方法」はP.08）。この一覧を見ながら、音声をよく聴き、音読をしてみてください。「聞く」「読む」の練習は、英語の基礎力を伸ばす、非常に大切なトレーニングです。発音や音の強弱（アクセント）、高低（イントネーション）などをまねて読んでみましょう。はじめのうちはうまく読めなくても、だんだんと上達してくるはずです。継続して練習してみましょう。

Chapter 1　01講　文型の識別　TRACK 001

ITの発達が我々の生活をより便利にした。
The development of IT has made our life more convenient.

この本はあなたを賢くする。
This book makes you smart.

このパソコンはあなたの生活をより快適にする。
This computer makes your life more comfortable.

私は彼氏のためにクッキーを作った。
I made some cookies for my boyfriend.

昨日その知らせが彼のことを怒らせた。
The news made him upset yesterday.

ソーシャル・メディアの発達がコミュニケーションを容易にした。
The development of social media has made communication easier.

この薬が僕を眠たくさせる。
This medicine makes me sleepy.

このドリルが私を賢くする。
This workbook makes me smart.

Chapter 1　02講　第1文型の活用　TRACK 002

私の兄は昨日東京に向けて出発した。
My brother left for Tokyo yesterday.

私の姉は先週大阪へ出発した。
My sister left for Osaka last week.

私は10年前この町へ引っ越した。
I moved to this town ten years ago.

僕の彼女は昨年オーストラリアへ戻って行った。
My girlfriend returned to Australia last year.

私の兄は3ヶ月前にロンドンに引っ越した。
My brother moved to London three months ago.

私の彼氏は2年前北海道へ戻って行った。
My boyfriend returned to Hokkaido two years ago.

私が家に帰宅したとき、私の猫はソファに横になっていた。
When I got home, my cat was lying on the sofa.

私は5分前に駅に着いた。
I got to the station five minutes ago.

私の母は飛行機でロサンゼルスへ出発した。
My mother left for Los Angeles by airplane.

Chapter 1　03講　第3文型の活用　TRACK 003

私はバスに眼鏡を置き忘れたと思う。
I think that I left my glasses on the bus.

私は車に財布を置き忘れた。
I left my purse in the car.

私の母は先週の日曜日、私の娘のためにクッキーを作った。
My mother made some cookies for my daughter last Sunday.

私はほとんどのアメリカ人がとても親切であると信じている。
I believe that most Americans are very friendly.

私は彼が東大の教授だと推測する。
I guess he is a professor at the University of Tokyo.

私は彼が家に遊びに来てくれたらいいなと願っている。
I hope he will come over to my house.

私は彼がその本の著者だと推測する。
I guess he is the author of the book.

私はその本をバスに置き忘れたと思う。
I think I left the book on the bus.

私は彼が今夜忙しいと思う。
I think he is busy tonight.

Chapter 1 04講 自動詞と他動詞

TRACK 004

私は先週祖父母を訪ねた。
I visited my grandparents last week.

多くの観光客が昨年日本を訪れた。
A lot of tourists visited Japan last year.

私はあなたがあなたのお兄さんと似ていると思っている。
I think you resemble your older brother.

今年、我々の大学にとって重要なマイルストーンにたどり着いた。
This year we have reached an important milestone for our university.

もし質問があれば手を挙げてください。
Please raise your hand if you have any questions.

太陽は東から昇り、西に沈む。
The sun rises in the east and sets in the west.

私は大学を2010年に卒業した。
I graduated from college in 2010.

私は2020年の11月24日に京都を訪れた。
I visited Kyoto on November 24th in 2020.

Chapter 1 05講 第4文型の活用1

TRACK 005

私の母は私にジャケットを手渡した。
My mother handed me a jacket.

生徒たちはスピーカーの話にとても感銘を受けたので、彼女に拍手喝采を送った。
The students were so impressed by the speaker's talk that they gave her a round of applause.

私は昨日母のために美しい花を買った。
I bought some beautiful flowers for my mother yesterday.

彼女は私にそれを手渡した。
She handed it to me.

塩を回していただけませんか。
Could you pass me the salt?

とても親切な女性が私に警察署への道順を教えてくれた。
A very helpful woman gave me directions to the police station.

彼は私に興味深い話をしてくれた。
He told me an interesting story.

彼は彼のカードのコレクションを私に見せてくれた。
He showed me his card collection.

Chapter 1 06講 第4文型の活用2

TRACK 006

ここに来るのに1時間かかった。
It took me one hour to come here.

事故でそのトラック運転手は命を落とした。
The accident cost the truck driver his life.

私はここに着くのに3時間かかった。
It took me three hours to get here.

今の私があるのは父の言葉のおかげだ。
I owe what I am today to my father's words.

彼の論文を校正するのに丸一日かかった。
It took me all day to proofread his paper.

この洗濯機を使えば、たくさんの水と電力を節約できます。
This washing machine will save you a lot of water and electricity.

時差ぼけから回復するのに1週間かかった。
It took me a week to recover from the jet lag.

この本を買うのに千円かかった。
This book cost me one thousand yen.

Chapter 1 07講 第5文型の活用1 TRACK 007

彼の行動が私を怒らせた。
His behavior drove me crazy.

今、私たちは本当に手を清潔に保つ必要がある。
Now we really need to keep our hands clean.

テクノロジーはいつも世界をよりよい場所にできるとは限らない。
Technology cannot make the world a better place all the time.

道に迷ったせいで私は怒ったが、それを表には出さなかった。
Getting lost made me angry, but I didn't show it.

彼らは友人関係を維持するのは難しいと思った。
They found it difficult to maintain friendships.

あの映画が私を怒らせた。すごく暴力的で気持ち悪かったのだ。
That movie was driving me crazy. It was very violent and gross.

Chapter 1 08講 第5文型の活用2 TRACK 008

彼女の言葉のおかげで、私は本当に嬉しくなった。
Her words made me really happy.

彼女の3歳の娘は、警察官を見ただけで怖がった。
The mere sight of a police officer made her 3-year-old daughter scared.

トミオは先月新しい部門の長に指名された。
Last month Tomio was named manager of the new department.

なぜあなたは私のEメールにそんなに動揺したのですか。
What made you so upset with my e-mail?

早寝早起きをすることによって、人は健康で裕福で賢くなる。
Early to bed, early to rise makes a man healthy, wealthy, and wise.

その美しいビーチのおかげで、ここは観光客に大変人気な場所になっている。
Its beautiful beaches make this a highly popular area with tourists.

彼はわらや竹の小枝を使って息子におもちゃの馬を作ってあげた。
He made his son a toy horse, using some straw and bamboo twigs.

いつも言い争っていても幸せな結婚生活の役には立たない。
Constant arguing doesn't make for a happy marriage.

彼女は常識があるので素晴らしい看護師である。
Her common sense made her an excellent nurse.

この部屋は快適なオフィスになるでしょう。
This room would make a comfortable office.

Chapter 1 09講 語法の活用

TRACK 009

私の兄は私がレポートを書くためにノートパソコンを使えるようにしてくれた。
My brother allowed me to use his laptop computer to write my paper.

私は息子がシンガポールから帰ってくる前に、車を修理してもらわなければならない。
I have to get my car repaired before my son comes back from Singapore.

奨学金のおかげで、娘は大学に行けるだろう。
The scholarship will enable my daughter to go to college.

この雑誌を読めば、世界史を理解できるようになるだろう。
This magazine will enable you to gain an understanding of world history.

出国する前に必ずパスポートを更新しておいてください。
It is necessary that you should get your passport renewed before you leave the country.

この本を読めば、私たちはその国のことがよりよく理解できるだろう。
This book will enable us to understand the country better.

Chapter 1 10講 基本5文型の総演習

TRACK 010

彼女に話をさせることは難しくない。問題は彼女を止めることだ！
It's not hard to get her talking – the problem is stopping her!

木曜日の新聞のために私はこの記事を書き終えようとしている。
I'm trying to get this article finished for Thursday's newspaper.

彼女は牛乳を買うために角の店に行った。
She's gone down to the corner shop to get some milk.

彼はハゲ頭について触れられると本当に怒る。
He gets really upset if you mention his baldness.

彼女は部屋に着くと、ドアを開けて目を閉じたままそこに立っていた。
When she got to her room, she opened the door and stood there with her eyes closed.

なぜ海外留学することに決めたのですか。
What made you decide to study abroad?

オペラの第3幕の幕がついに上げられた。
The curtain for Act III of the opera was finally raised.

長期滞在により、宣伝用映画製作に必要なカナダ文化の広い像を築くことができた。
My long stay enabled me to build a broad picture of Canadian culture, which was necessary to make a promotional film.

私は明日歯を歯医者で抜いてもらう予定だ。
I will have my tooth pulled out at the dentist's tomorrow.

遺言の中で、彼はすべての子どもたちに少額のお金を残した。
In his will, he left all his children a small sum of money.

彼は妻を若くして未亡人にし、2人の息子には父親がいなくなってしまった。
He left his wife a young widow and his two sons fatherless.

彼は妻のもとを去った。それでよかったのだ。
He has left his wife, and that's all for the best.

彼は妻と家族にかなりの財産を残した。
He left his wife and family considerable assets.

富士山行きのバスは東京駅を1時間おきに出る。
Buses for Mt. Fuji leave Tokyo Station every hour.

Chapter 2 11講 品詞の識別

TRACK 011

この地域のほぼすべての住宅は2011年の震災後に建てられた。
Almost all the houses in this area were built after the earthquake in 2011.

私は昨日もう少しで車にひかれるところだった。
I was almost run over by a car yesterday.

クラスのほぼすべての生徒がノートパソコンを持っている。
Almost all the students in the class have a laptop.

彼は遠隔で働いている。
He works remotely.

調子はどうですか。
How are you?

とてもいいです！
Pretty good!

彼女はかわいい女の子だ。
She is a pretty girl.

それは対面の面接だった。
It was a face-to-face interview.

ほぼすべての村は今小学校がある。
Almost every village now has a primary school.

私の彼氏は1時に着くとメールをくれた。
My boyfriend texted he'd arrive at one o'clock.

これはとても人気のあるレストランなので、ほぼすべての席が常に予約されている。
This is a very popular restaurant, so almost all the seats are always reserved.

このテクノロジーは現在のところ研究と情報の共有目的にのみ使われている。
This technology is currently used for research and informational purposes only.

Chapter 2 12講 紛らわしい名詞と動詞の識別

TRACK 012

今日、社会は多くの課題に直面している。
Today, society faces many challenges.

それは時間の問題だ。
It is a matter of time.

富は重要だ。
Wealth matters.

彼女は多くの問題に直面している。
She is facing many problems.

ジュリエットはかわいい顔をしている。
Juliet has a pretty face.

この状況は続かないだろう。
This situation will not last.

彼女がランナーの最後であった。
She was the last of the runners.

それは平等な機会の地だ。
It is the land of equal opportunity.

ニール・アームストロングは月に着陸する最初の人だった。
Neil Armstrong was the first person to land on the moon.

気候変動は地球に影響を及ぼしている。
Climate change is affecting the planet.

彼はなぜ機械が適切に動いていないのかを理解しようとしていた。
He was trying to figure out why the machine wasn't working properly.

この間の夏はかなり暑かった。実際、私は休暇中ずっと暑い天気の影響に苦しんでいた。
It was rather hot last summer; in fact I was suffering from the effects of hot weather all the time during the vacation.

Chapter 2 13講 紛らわしい形容詞と副詞の識別

TRACK 013

私はとても眠たかったので、早く寝た。
I was very sleepy and went to bed early.

彼は熱心な働き者だ。
He is a hard worker.

彼は懸命に働く。
He works hard.

私の同居人はとても親しみやすい。
My roommate is very friendly.

彼は早起きの人だ。
He is an early riser.

彼女は朝早く起きる。
She gets up early in the morning.

私の彼女はかわいらしい。
My girlfriend is lovely.

岡本先生は優秀な先生だ。
Ms. Okamoto is a good teacher.

私は柳生先生をよく知っている。
I know Mr. Yagyu well.

小倉先生は熱心な働き者だ。
Mr. Ogura is a hard worker.

高山先生はとても熱心に働く。
Ms. Takayama works very hard.

土岐田先生は速く歩く。
Mr. Tokita walks fast.

日本、インド、ギリシャ料理は極めておいしいロンドンで人気のあるタイプの料理の3つだ。
Japanese, Indian, and Greek food are just three of the popular kinds of cuisine in London that taste extremely good.

私の意見では、電子書籍が完全に紙の書籍に取って代わる可能性はあまりなさそうだ。
In my opinion, it is highly unlikely that digital books will ever entirely replace printed books.

Chapter 2 14講 文全体を修飾する副詞

TRACK 014

幸運なことに、私は2022年にシカゴ大学に入学を許可された。
Fortunately, I was admitted to the University of Chicago back in 2022.

興味深いことに、キャンパスで彼にまた会った。
Interestingly, I met him again on campus.

幸いにも、何もひどいことは起こらなかった。
Fortunately, nothing terrible happened.

驚くべきことに、私の彼氏はテストで満点を取った。
Surprisingly, my boyfriend got a full score on the test.

一般的に、熱心な仕事は報われる。
Generally, hard work pays off.

残念ながら、私はアイスクリームを落とした。
Unfortunately, I dropped my ice cream.

彼女はパーティに行かなかった。どうやら彼の言葉が彼女を怒らせたらしい。
She didn't go to the party. Apparently, his words made her upset.

同じ問題が3回起こった。結果として、我々は計画を止めなくてはいけなかった。
The same problem occurred three times. Consequently, we had to suspend the plan.

シンガポールは天然資源がほとんどない。それにもかかわらず、なんとか強い経済を発展させ、人気の観光目的地になった。
Singapore has few natural resources. Nevertheless, it has managed to develop a strong economy and become a popular tourist destination.

Chapter 2 15講 紛らわしい前置詞の識別

TRACK 015

新型コロナに鑑みて、役所はさらなるお知らせがあるまで閉鎖される予定です。
In light of Covid-19, the office will be closed to the public until further notice.

金曜日までに終わらせなさい。
Finish it by Friday.

正午までここで待っていなさい。
Wait here until noon.

彼女は冬休みの間長野にスキーに行く予定だ。
She is planning to go skiing in Nagano during her winter vacation.

驚いたことに、彼女は嵐の中一人で家に帰ることに決めた。
To my surprise, she decided to go home alone in the storm.

タカオはどうにか期限までに報告書を提出した。
Takao just managed to hand in his report by the deadline.

電車にいるとき、好きな音楽が聴ける。
I can listen to the music I like when I'm on the train.

この英語の辞書をとても役立つと思うだろう。
You may find this English dictionary of great use.

深夜までに帰宅しなさい。
Come home by midnight.

私は札幌の友人を訪ねるつもりで、水曜日までずっといる予定だ。
I'm visiting my friend in Sapporo and will stay until Wednesday.

多くの人は「ステイホーム！」と書き、家の壁に標識を立てた。
Many people put signs on the walls of their houses saying "Stay home!"

泥棒は浜辺の方に向かって逃げて行った。
The thief ran away in the direction of the beach.

女優は指に大きなエメラルドの指輪をはめていた。
The actress was wearing a big emerald ring on her finger.

私たちは若い頃、ラジオでニュースを聴いたものだった。
We used to listen to the news on the radio when young.

スズキは3月にプロ野球を引退した。
Suzuki retired from professional baseball in March.

私たちはシャーロットがどこの出身かわからない。
We don't know where Charlotte comes from.

Chapter 3 16講 不定詞のカタマリの識別 TRACK 016

英語力を向上させるためには、英語を使う機会を多く持つことが必要だ。
In order to improve your English skills, you need to have a lot of opportunities to use English.

我々はマークにパーティで会うことを期待していたが、彼は現れなかった。
We expected to see Mark at the party, but he didn't show up.

私の父は、時代の流れに遅れないようにいつも心掛けている。
My father is always trying to keep up with the current of the times.

テーマパークで乗り物に乗るために少なくとも2時間待った。
We waited at least two hours to get on a ride at the theme park.

こんな素敵なチームメイトと共に仕事を続けられるなんて、君は幸せに違いない。
You must be happy to be able to continue your work with such nice teammates.

何か冷たい飲み物をもらえますか？
Could I have something cold to drink?

多くの人はオーロラを見る機会がない。
Many people do not have an opportunity to see the Northern Lights.

Chapter 3 17講 不定詞の用法識別1 TRACK 017

私たちがちょうど購入したその新しい機械は適切に動いていないようだ。
The new machine we just bought doesn't seem to be working properly.

新しいテクノロジーのおかげで、肌の老化の過程を遅らせることが可能になると示す研究もある。
Some studies show that new technology makes it possible to delay the skin aging process.

トムは試験中寝ないよう4杯コーヒーを飲んだ。
Tom had four cups of coffee so as not to fall asleep during the exam.

あなたは昨日私が言ったことを誤解していたようです。
You seem to have misunderstood what I said yesterday.

医師は私の父にタバコを吸わないよう警告した。
The doctor warned my father not to smoke.

お金と幸福は全く関係がないように思われる。
Money seems to have nothing to do with happiness.

彼は、大きくなって有名な科学者になった。
He grew up to be a famous scientist.

Chapter 3 18講 不定詞の用法識別2 TRACK 018

私はその問題を解くことが簡単だとわかりました。
I found it easy to solve the problem.

健康でいることは大切だ。
It is important to stay healthy.

時間通りに仕事を終えることが不可能だとわかった。
I found it impossible to finish the task on time.

会社が安定したままでいることを確実にできるよう予算の予測に合わせることが必要だ。
It is necessary to meet our budget forecast in order to ensure that the company remains stable.

私たちが他の人々と交流することは大切です。
It is important for us to communicate with other people.

彼女は物理を一人で勉強することが難しいと思った。
She found it difficult to study physics alone.

祖父は個人の自由と地域社会の権利のバランスを保つことが大切だとよく僕に言っていた。
My grandfather would often tell me that it is important to preserve the balance between individual freedom and the rights of the community.

レジ袋が毎日どれだけ使われているのかを知って驚きました。
I was surprised to learn how many plastic bags are used every day.

私はその本を読み通すのが難しいと思いました。
I found it hard to read the entire book.

Chapter 3 19講 不定詞と動名詞の識別 TRACK 019

このカギはとても大切です。オフィスにカギを戻すことを忘れないでください。
This key is quite important. Please do not forget to return it to the office.

私は若い頃に何度も同じ間違いをしたことを後悔している。
I regret making the same mistake again and again in my youth.

その郵便物を受け取るために、郵便局に来るときにパスポートを持ってくることを忘れないでください。
Don't forget to bring your passport when you come to the post office to pick up the mail.

私は急いで港へ向かったが、彼の船はすでに出てしまった後だった。
I rushed to the port only to find his ship had already left.

私のために窓を閉めていただけますか。少し寒いのです。
Would you mind closing the window for me? I feel a little cold.

君が私に話してくれた男に会ったことを私は覚えていないのです。
I don't remember meeting the man you told me about.

Chapter 3 20講 不定詞と動名詞の意味上の主語 TRACK 020

窓を開けても構わないでしょうか。
Do you mind my opening the window?

私の先生は私がクラスでスピーチをすることを求めた。
My teacher wanted me to make a speech in class.

彼女がこれらの問題を解くのは難しかった。
It was difficult for her to solve these problems.

バスにかばんを置き忘れるとは、あなたもそそっかしい。
It is careless of you to leave your bag in the bus.

私のために一杯の水をいただけませんか。
Would you mind getting a glass of water for me?

男は私が窓を開けても構わないと言った。
The man said he didn't mind my opening the window.

私は男に窓を開けても構わないと言われた。
I was told by the man that it was okay to open the window.

Chapter 3 21講 現在分詞と過去分詞の識別

TRACK 021

私は昨日髪の毛を切ってもらいました。
I had my hair cut yesterday.

事故でけがした人々は近くの病院に運ばれた。
The people injured in the accident were carried to the nearby hospitals.

会社はプロジェクトを始めることができなかった。地元の住民の90%が新しいホテルの建設に反対だったのだ。
The company couldn't start the project with 90% of the local residents opposing the construction of a new hotel.

あなたはその歯を抜かないと大変なことになるぞ。
You had better have that tooth pulled out.

あなたは昨晩髪の毛を切ってもらったのですよね。
You had your hair cut last night, didn't you?

あの壊れたドアにさわってはいけません。
Don't touch that broken door.

英語は世界で一番広く話されている第2言語だ。
English is the most widely spoken second language in the world.

Chapter 3 22講 感情を表す他動詞の識別

TRACK 022

私が『キングダム』という映画を見たとき、私は戦闘シーンに大いにわくわくした。
When I saw the movie *Kingdom*, I was very excited by the battle scenes.

彼は面白い人です。
He is an interesting person.

休日の前に、子どもたちはいつもわくわくする。
Before the holidays, the children always get excited.

そのようなひどい車の事故で誰も亡くならなかったことは驚くべきことだ。
It is amazing that no one was killed in such a terrible car accident.

子どもたちと働くのは面白いと思う。
I find it interesting to work with children.

そこには盗む価値のあるものが何もなかったので、泥棒はがっかりした。
The thief was disappointed that there was nothing worth stealing there.

私はその子どもの話にとても感動した。
I was very moved by the child's story.

私はその子どもの話をとても感動的だと思った。
I found the child's story very moving.

Chapter 3 23講 分詞の後置修飾のつかみ方

TRACK 023

我々は現在ヨーロッパで話される全ての言語を保護すべきだ。
We should preserve all the languages currently spoken in Europe.

オランダで話されている公用語はオランダ語です。
The official language spoken in the Netherlands is Dutch.

あのレストランで出された食べ物は素晴らしかった。
The food served in that restaurant was marvelous.

見てよ！　その赤い車を運転している男性はもう少しでその人にぶつけるところだった。
Look! The man driving the red car almost hit the person.

地方自治体によって経営されるある有名な会社は先月倒産した。
A famous company run by the local government went bankrupt last month.

チャールズ・ダーウィンによって展開された自然淘汰による進化論は生物の研究に革命をもたらした。
The theory of evolution by natural selection developed by Charles Darwin revolutionized the study of living things.

向こうから来る人を姉と間違えて、私は大声で叫んでしまった。
I mistook the person approaching me for my sister and called out loudly to her.

機関はウィルスに影響を受けた百万人を超える人が新しい薬で治療できる可能性があると推測している。
The institute estimates more than one million people affected by the virus could be cured with a new medicine.

Chapter 3　24講　分詞構文の識別 1　TRACK 024

音楽を聴くことは健康によい。
Listening to music is good for your health.

彼女はニュースを聴きながら、車で家に帰る。
She drives home, listening to the news.

目を閉じて、トムは人生について深く考えた。
Closing his eyes, Tom thought deeply about his life.

すべてドイツ語で書かれていたので、この本は読むのが難しかった。
All written in German, this book was difficult to read.

スマートフォンで本を読むことは環境に優しい。
Reading books on a smartphone is environmentally friendly.

彼の行動を見ると、私は彼の誠実さを疑わざるを得ない。
Seeing his behavior, I cannot but doubt his sincerity.

あなたより年上の意見に異議申し立てすることは日本では無礼と考えられる。
Challenging the opinions of somebody senior to you is considered rude in Japan.

Wi-Fiがなかったので、私たちはオンラインの地図を使えなかった。
There being no Wi-Fi, we couldn't use the online map.

Chapter 3　25講　分詞構文の識別 2　TRACK 025

締切日が、3月1日に設定されたのだが、委員会全員から承認された。
The deadline, having been set for the first of March, was approved by all the committee members.

時間の1時間前にすべての仕事を終えて、彼は早く帰宅することにした。
Having finished all his work an hour ahead of time, he decided to go home early.

アパートすべてを掃除して、ロンダはかなり満足していた。
Having cleaned her entire apartment, Rhonda was quite satisfied.

太陽が沈んだので、私たちは一晩コテージに滞在することに決めた。
The sun having set, we decided to stay at the cottage for the night.

ハリエットの小説は、英語に訳されなかったので、ほとんどの私のカナダ人の友人に知られていない。
Harriet's novels, not having been translated into English, are unknown to most of my Canadian friends.

彼はとても影響力のある政治家なのだから、もっと考えて行動するべきだ。
Being a very influential politician, he should behave more thoughtfully.

共同研究のプロジェクトの目的はかなり単純化され、目標に向けて中間ステップを設定する試みは一切なされなかった。
The aims of the collaborative research project were very simplified, no attempt having been made to set up the intermediate steps toward the goal.

Chapter 4　26講　制限用法と非制限用法の関係代名詞の識別　TRACK 026

王様が農民の1人に対して城に来るように言ったが、それは皆を驚かせた。
The king told one of the farmers to come to the castle, which surprised everyone.

その小説は、2001年に最初に出版されたのだが、11刷だ。
The novel, which was first published in 2001, is in its 11th printing.

6月25日にエリックに会う約束があるが、その日は私が思うに彼の誕生日だ。
I have an appointment to see Eric on June 25th, which I believe is his birthday.

飢えに苦しんでいる人々には、早急な援助が必要である。
Those who are suffering from hunger need urgent help.

頭に花をつけたあの女の子が、今朝私が話しかけた女の子です。
The girl with flowers on her head is the one I talked to this morning.

メイはそのテストで満点を取得した学生だ。
May is a student who got a full score on the test.

私には娘が3人いるが、3人とも結婚している。
I have three daughters, who are married.

Chapter 4 27講 名詞節の関係代名詞 TRACK 027

大学では本当に好きなことを見つけなさい。
Find out what you really like in college.

大学院で勉強するときに私にとって難しいことは長期間に渡って1つの問題に集中することだ。
What is difficult for me in studying at graduate school is concentrating on one problem for a long time.

ショーで私に最も感銘を与えたことは小さな子どもたちによる演技だった。
What impressed me most at the show was the performance by small children.

私は以前の彼よりも今の彼のほうが好きだ。
I prefer what he is to what he was.

彼女に好きなことをさせなさい。
Let her do what she likes.

世界情勢を理解することが大切だ。
It is important to understand what is going on in the world.

発言と行動は別物だ。
What you say is different from what you do.

Chapter 4 28講 複合関係詞節 TRACK 028

私はお金を使って、好きなことは何でもできる。
I can do whatever I like with the money.

たとえどんなに遠く離れていたとしても、私たちは常にオンラインで話すことができる。
However far away you may be, we can always talk online.

今晩ここにいる人は誰でも社長に会う機会があります。
Whoever is here this evening will have a chance to meet the president.

今日は私のおごりです。食べたり飲んだりしたいものは何でも注文していいですよ。
It's on me today. You can order whatever you want to eat or drink.

明日の11時に公園でバーベキューパーティをする予定ですので、参加したい人は誰でも歓迎します。
We will hold a BBQ party in the park at 11：00 tomorrow, and whoever wants to join is welcome.

どれだけ準備に時間をかけても、発表では緊張するでしょう。
However much time you spend preparing, you will be nervous at the presentation.

どれほど忙しくても、彼女は決して朝食を毎朝とることを欠かさない。
However busy she is, she never forgets to eat breakfast every morning.

Chapter 4 29講 関係代名詞と関係副詞の識別 TRACK 029

これはジョンが妻と散歩するのが好きだった有名な公園だ。
This is a famous park where John liked to take a walk with his wife.

リヴァプールはイングランドの北西部にあるが、ビートルズの故郷として有名だ。
Liverpool, which is in the northwest of England, is famous as the hometown of the Beatles.

FIFA ワールドカップで映像補助による判定システムが使用された。そのシステムが使われる4つの状況がある。
A video assistant referee system has been put into use in the FIFA World Cup. There are four situations where it can be used.

これが私に初めて英文学に関心をもたせてくれた本です。
This is the book that first interested me in English literature.

スマートフォンがなかった時代のことを覚えていますか。
Do you remember the time when there were no smartphones?

このルールが当てはまらない場合があるかもしれないことをご理解ください。
Please understand that there may be cases where this rule does not apply.

Chapter 4　30講　強調構文　TRACK 030

発言ではなく、行動こそが重要なのだ。
It is not what you say but what you do that matters.

行動こそが重要なのだ。
It is behavior that counts.

1997年にその有名な画家は生まれた。
It was in 1997 that that famous painter was born.

1912年にタイタニック号は初の航海で沈んだ。
It was in 1912 that the *Titanic* sank during her first voyage.

子どもたちがすることではなく、なぜそれをするのかこそが子どもたちを理解するのに重要だと思う。
I believe that it is not what children do but why they do it that is essential for understanding them.

価格ではなく、サービスの質こそが重要なのだ。
It is not the cost but the quality of the service that matters.

病気になってはじめて健康の価値がわかる。
It is not until you get sick that you realize the value of good health.

時間の管理がどれほど大切であるかがわかったのは、大学を卒業してからだった。
It was only after I graduated from university that I found how important time management is.

Chapter 5　31講　現在形と進行形の識別　TRACK 031

私は英語を勉強します。
I study English.

私はバイオリンの音楽を聴きます。
I listen to violin music.

私は窓の外を見ます。
I look out the window.

私は電話でゲームをします。
I play games on my phone.

近頃、冬によくスノーボードをしに行く。
Nowadays, I often go snowboarding in winter.

この古い松の木は汚染により枯れかけている。
This ancient pine tree is dying because of pollution.

空いている時間は何をしますか。
What do you do in your free time?

人々は苦しんでいます。人々は死にかけています。生態系全体が崩壊しつつあるのです。
People are suffering. People are dying. Entire ecosystems are collapsing.

Chapter 5　32講　過去形と現在完了の識別　TRACK 032

今までのところ、このコンピューターは私が英語を勉強するのに役立っている。
So far, this computer has helped me study English.

私は昨日定期券をなくした。
I lost my commuter pass yesterday.

私は定期券をなくした。
I have lost my commuter pass.

私は10年前その国を訪れた。
I visited the country ten years ago.

この会社に勤め始めて6年が経つ。
Six years have passed since I started working for this company.

それは、今までした中で最高の決断でした。
It was the best decision that I have ever made.

姉がロンドンに引っ越して10年が経つ。
It has been ten years since my elder sister moved to London.

こんな美しい絵画は見たことがない。
I have never seen such a beautiful picture.

私の姉はスペインに行ったことがないけれど、スペイン語が話せる。
My elder sister has never been to Spain, but she can speak Spanish.

Chapter 5 33講 現在完了と現在完了進行形の識別

TRACK 033

ジャックはレポートに1週間ずっと取り組んでいます。
Jack has been working on a paper for a week.

どのくらいバスを待ち続けているのですか。
How long have you been waiting for the bus?

最近ジョンに会いましたか。
Have you seen John lately?

わたしはここ数日エクササイズしていない。
I haven't been working out the last few days.

高校を卒業したら、何をするかもう決めたかい。
Have you decided what you will do after you finish high school?

私は15年以上ずっと教え続けている。
I have been teaching for more than fifteen years.

彼は第2言語として英語を勉強し続けている。
He has been studying English as a second language.

Chapter 5 34講 過去形と過去完了の識別

TRACK 034

演劇が終わった後で、観客は劇場を出始めた。
After the drama had ended, the audience began to leave the theater.

スティーブがすでにそのDVDを返したので、私にはするべきことが何も残されていない。
Steve had already returned the DVD, so I had nothing left to do.

ナンシーは自分の故郷が10年前とは異なっていることに気づいた。
Nancy found her hometown different from what it had been ten years before.

その男性は急いで空港に向かったが、飛行機は離陸していた。
The man went to the airport in a hurry only to find that the plane had taken off.

私が空港に着いたとき、すでに彼はパリに発っていた。
He had already left for Paris when I arrived at the airport.

私の彼氏はパリで撮った写真を私に見せてくれた。
My boyfriend showed me pictures that he had taken in Paris.

Chapter 5 35講 未来完了の用法識別

TRACK 035

9月に、私は10年間博士号取得に向けて着実に取り組んでいることになるだろう。修了するのが待ちきれない！
In September, I will have been steadily working toward my doctorate for ten years; I can't wait to finish it!

あなたが戻ってくる頃までには私は宿題を終えていることだろう。
I will have finished my homework by the time you come back.

あなたが音楽ホールに到着するまでにチャリティコンサートが始まるのではと不安だ。
I'm afraid the charity concert will have begun by the time you get to the music hall.

もし私が再びパリを訪れれば、私は4回そこに行ったことになる。
If I visit Paris again, I will have been there four times.

私たちはジョンの電車が来る頃までには駅に着いていることだろう。
We will have arrived at the station by the time John's train comes.

あなたが手伝いに来てくれるまでには荷造りを終えていることだろう。
I will have finished packing by the time you come to help me.

Chapter 5　36講　時制のまとめ
TRACK 036

最近、健康的な食事は運動と合わせて、がんの効果的な予防として勧められてきた。
Recently, a healthy diet, along with physical activity, has been recommended as a good defense against cancer.

超高齢化社会のせいで、高齢者の患者の数が増えている。
Because of the super-aging society, the number of elderly patients is increasing.

私たちはバスがとうとうやってきたとき、1時間待ち続けていた。
We had been waiting for an hour when the bus finally came.

マーティンは月曜日で20年間銀行に勤めていることになるだろう。
Martin will have been working at the bank for twenty years on Monday.

この小説はまだ日本語に訳されていません。
This novel has not been translated into Japanese yet.

Chapter 6　37講　助動詞の識別
TRACK 037

モナが幼い子どもだったとき、毎日レゴのブロックで一人で遊んで何時間も過ごしていたものだ。
When Mona was a small child, she would spend hours every day playing alone with Lego blocks.

元号（日本の時代の名前）を決めるときは、いくつかの必須事項がある。まず、2つの漢字から成らないといけない。
When deciding Gengo (the Japanese era names), there are several requirements. First, it must consist of two kanji characters.

私の母はいつも、食事の後すぐに泳ぐべきではないと私に言っている。
My mother always tells me that I shouldn't swim immediately after eating.

私がどんなに一生懸命頑張っても、ドアはどうしても開かなかった。
The door wouldn't open however hard I tried.

やり方の違いのせいで科学とビジネスの間の衝突が起こるかもしれない。
Conflicts between science and business may occur due to their differing methods.

私は人々や社会のために何かよいことをすべきだ。
I should do something beneficial for people and society.

Chapter 6　38講　助動詞の言い換え
TRACK 038

たくさん練習しなさい。そうすればすぐにその曲を演奏することができるようになるでしょう。
Practice a lot, and you will be able to play the song soon.

生徒は自転車で通学することが可能です。
It is possible for students to go to school by bike.

深刻な場合でない限り救急車を呼んではいけない。
You mustn't call an ambulance unless it is a serious situation.

あなたのメールを読んで、もしかしたらあなたを助けられるかもしれないと考えた。
I read your email and thought I might be able to help you.

人生で本当にしたいことを見つけられるのを私は望んでいる。
I'm hoping that I will be able to figure out what I really want to do with my life.

さまざまな可能性をいくつか試せば、おそらく最良の方法を選ぶことができるだろう。
After a few experiments with the various possibilities, you probably will be able to select the best way.

Chapter 6　39講　助動詞＋have＋p.p.の識別
TRACK 039

なんということだ、バスがやって来ない。会議に遅れてしまう。いつもより早く家を出るべきだったのに。
Oh dear, the bus is not coming. I'll be late for the meeting. I should have left home earlier than usual.

彼はマスターキーを持っていたので、その建物に入るのは簡単だったに違いない。
It must have been easy for him to enter the building because he had the master key.

私の手袋がどこにも見当たらなかった。タクシーに置き忘れたのかもしれない。
My gloves were nowhere to be found. I may have left them in the taxi.

何か恐ろしいことが起こったのかもしれない。
Something dreadful may have happened.

彼はあんなに速く話すべきではなかった。
He should not have spoken so fast.

Sallyが先週ロンドンにいたはずがない。彼女はパスポートを持っていないんだから。
Sally can't have been in London last week; she doesn't have a passport.

Chapter 7 40講 if節のない仮定法 TRACK 040

もし君の助言がなかったら、私たちの冒険的事業は成功することはなかっただろう。
But for your advice, our venture would never have succeeded.

もう少し彼らから気にかけてもらえたら、彼は失敗しなかったであろう。
With a little more care from them, he would not have failed.

コンピュータグラフィックスがなかったら、1990年代にそれほど想像力にあふれる映画を生み出すことのできる映画監督はいなかっただろう。
Without computer graphics, no director could have made movies so imaginatively in the 1990s.

もう少し忍耐強ければ、トムはずば抜けたアスリートになっているだろう。
With a little more patience, Tom would be an outstanding athlete.

彼女がフランス語を話しているのを聞けば、エリーはフランスに住んでいたと思うでしょう。
Hearing her speak French, you would think that Ellie lived in France.

諜報機関ならば、決して構成員の本当の名前や住所を明かさないだろう。
A secret organization would never let you know the real names and adresses of its members.

Chapter 7 41講 仮定法の丁寧表現 TRACK 041

音を小さくしていただけるとありがたいのですが。
I would appreciate it if you could turn down the volume.

今月末までにお返事をいただけると幸いです。
I would appreciate it if you would give me a reply by the end of this month.

私のペンを使いたいですか。
Would you like to use my pen?

いいえ結構。私は自分のものでしか書けないのです。
No, thanks. I can only write with my own.

手を貸していただけますでしょうか。
I was wondering if you could give me a hand.

金曜日、空港に私を車で迎えに来ていただけますか。
Could you pick me up at the airport on Friday?

メールに添付しました応募用紙を受理していただけますと幸いです。
I'd appreciate it if you could accept my application form, attached to this e-mail.

Chapter 7 42講 仮定法の時制のズレの識別 TRACK 042

もし彼の助けがなかったら、今彼女は生きていないだろう。
If it had not been for his help, she would not be alive now.

彼が大会で優勝していたら、彼は今有名だろう。
If he had won the contest, he would be famous now.

もしそのとき、あなたの助言に従いお金を貯めていたら、今頃、私はもっとずっと暮らし向きがいいだろう。
If I had followed your advice and saved money at that time, I would be much better off now.

もしそのときあなたの助けがなかったら、マークは今の彼のように成功していないだろう。
If it had not been for your help at that time, Mark would not be the successful person that he is today.

もし彼がタクシーに乗っていたら、ジョンソン氏は今ここにいるだろう。
If he had taken a taxi, Mr. Johnson would be here now.

あのとき弟が私の助言を聞いていれば、今ごろ俳優として成功しているだろうに。
If my brother had taken my advice then, he would be a great actor now.

Chapter 7 43講 仮定法現在の識別

TRACK 043

私は彼がそのジャーナリストに会うことを勧めます。
I recommend that he see the journalist.

ルミの両親は大学で彼女が英語のライティングの授業を取るべきだと勧めた。
Rumi's parents recommended she take an English writing class at college.

私は彼女が彼女の状態について私に知らせるように要求した。
I requested that she keep me informed of her condition.

私は彼女が私たちの前でこの申し出を受け入れることを強く勧めた。
I strongly recommended that she accept this offer in front of us.

その建築家は私たちが家に長持ちしてほしいならば定期的に家が塗装されることを勧める。
The architect recommends that our house be painted regularly if we want it to last.

私はあなたが日記をつけることをお勧めします。
I recommend that you keep a diary.

彼はメアリーが小倉先生のところを訪れるように提案した。
He suggested that Mary visit Mr. Ogura.

Chapter 7 44講 仮定法の時系列の識別

TRACK 044

コンサートは素晴らしかった。あなたがそこにいられたらよかったのになあ。
The concert was fantastic. I wish you could have been there.

私は3日間病気で寝込んでいる。昨日の会議に参加できていればよかったのになあ。
I've been sick in bed for three days. I wish I could have attended yesterday's meeting.

もし何か頭の中に浮かんでいるならば、新しく考慮すべきことの可能性を開いてくれるので、私たち全員と共有してください。
Should you have anything in mind, please share it with us all, because it can open up new possibilities for our consideration.

あなたはまるで何か他のことについて考えているように見える。
You look as if you were thinking about something else.

私は昨日とても疲れていた。もしそうでなければ、姉と一緒に買い物に行っただろう。
I was very tired yesterday. Otherwise, I would have gone shopping with my sister.

決してその紳士が嘘をついたかもしれないとは思い浮かばなかった。
It never occurred to me that the gentleman might have lied.

天気がよかったら会社まで歩いて行ったのになあ。
If the weather had been nice, I would have walked to my office.

Chapter 8 45講 比較対象の把握と識別

TRACK 045

自転車は自動車よりも環境にとって有益です。
Bicycles are more beneficial for the environment than motor vehicles.

東京の人口は大阪のそれよりも多い。
The population of Tokyo is larger than that of Osaka.

そのオリーブの木はリアムが生まれたときに庭に植えられたが、今や彼の3倍の高さになった。
The olive tree was planted in the garden when Liam was born, but now it is three times as tall as he is.

最新の研究によれば、世界で最も凶暴な恐竜、ティラノサウルスレックスはオリンピック選手と同じ速度で走ることができたとされる。
The world's most frightening dinosaur, Tyrannosaurus Rex, would have been able to run as fast as an Olympic athlete, according to a recent study.

私は英語の方が数学よりもはるかに好きだ。
I like English far better than math.

分析の結果、その都市の中心部の温度は郊外よりも高いことがわかった。
The analysis showed the temperature of the city's central area is higher than that of its suburbs.

ハイブリッド車はガソリン車よりも経済的だ。
Hybrid cars are more economical than gasoline-powered cars.

Chapter 8 46講 no more than と no less than の識別 TRACK 046

クジラが魚でないのは馬が魚でないのと同じだ。
A whale is no more a fish than a horse is.

私は100円しか持っていない。
I have no more than 100 yen.

我々は1000円しか持っていないので、このお土産を買うならば、電車に乗ることができなくなるだろう。
Because we have no more than 1,000 yen, we won't be able to take the train if we buy this souvenir.

我々は韓国への旅で10万円も使った。
We spent no less than 100,000 yen on our trip to South Korea.

我々は韓国への旅行に少なくとも10万円使った。
We spent at least 100,000 yen on our trip to South Korea.

クラスには3人もの田中さんがいて、これはかなりの混乱をもたらした。
There were no less than three Tanakas in the class, and this led to quite a bit of confusion.

我々が運転をし続ける限りは、3日しかかからないはずだ。
As long as we keep on driving, it should take no more than three days.

私たちの種であるホモ・サピエンスは、単なる一生物種に過ぎず、他の種と同様独自性があるわけでも特別なわけでもない。
Our species, Homo sapiens, is merely one species, no more unique or special than any other.

マナはカナに負けず劣らず美しい。
Mana is no less beautiful than Kana.

Chapter 8 47講 否定語を使った比較の識別 TRACK 047

私はこの状況がそんなに悪いとは思わない。まだましだ。
I don't think this situation is so bad. It could be worse.

まだまだよくはない。
It could be better.

最高だ。
It couldn't be better.

大賛成です。
I couldn't agree more.

シェフはオリジナル料理同様に美味しい料理のヘルシー版を作った。
The chef created healthy versions of the dish that were no less delicious than the original one.

健康より大事なものは他に何もない。
Nothing is more important than your health.

大切なことは、私たちが払う犠牲よりも得られる成果だ。
The point is not so much the price we pay as the result we get.

自分が生きている時代の生活や慣習をきちんと守ることほどむずかしいことはほとんどない。
Few things are harder than to observe carefully the life and custom of one's own day.

Chapter 9 48講 対比と譲歩の接続詞と副詞の識別 TRACK 048

ジョンはお金は貯めていなかったけれども、一人暮らしをしてみるために祖母の家という安全な場所を離れることを決心した。
Though he did not have any money saved up, John made up his mind to leave the safety of his grandmother's house to try out life on his own.

私がこの国に到着して以来、1滴も雨が降っていないが、これに対して本国の夏はじめじめして湿度が高い傾向がある。
I haven't seen a single rain drop since I arrived in this country, whereas the summers back home tend to be wet and humid.

私はパーティに行く前に誕生日プレゼントを買うのを忘れた。しかしながら、パーティにあまりにもたくさんプレゼントがあったので、誰も気づかなかった。
I forgot to buy a birthday present before going to the party. However, there were so many presents at the party that no one noticed.

私は海外に行く計画をしていたが、考えを変えた。
I was planning on going abroad, but I've changed my mind.

海外に行かない予定だ。当初は行くつもりだったのだが。
I'm not going overseas, although I had intended to.

私はやはり外国に行くことに決めた。
I've decided to travel to a foreign country after all.

私は旅行計画は変えたが、目的地は変えていない。
I've changed my travel plans, but not the destination.

私は計画をしていたところと違う国に行く予定だ。
I'm going to a country different to the one I'd planned.

テニスの試合が始まったとき、彼女は緊張していたけれども、すぐに楽しみ始めた。
Although she was nervous when the tennis match started, she quickly came to enjoy herself.

テニスの試合が始まった後で、彼女の不安が楽しい気持ちに変わった。
After the tennis match began, her anxiety turned into enjoyment.

試合は最初楽しかったけれど、すぐにストレスがかかるものになった。
The game was enjoyable to begin with, but quickly became stressful.

試合の前の緊張はよく、彼女がよりよいテニスをする手助けになった。
Nervousness before a performance often helped her play better tennis.

彼女は常に緊張してテニスをするのが好きだったし、この試合も例外ではなかった。
She always liked playing tennis when nervous, and this match was no exception.

Chapter 9 49講 論理関係を表す表現の識別 TRACK 049

ああ、君の言いたいことはわかるよ。その通りだと思う。僕たちは本当にほとんどの時間をオンラインで過ごしているよ。だから、面と向かって人と話すと新鮮に感じるね。
Oh, I see your point. I guess that's right; we do spend most of our time online. So, it is refreshing to talk with someone face-to-face.

ヒロミは本当に韓国料理が好きだ。今や私は彼女と一緒にソウルに行ったので、私も好きである。
Hiromi really likes Korean food, and now that I've visited Seoul with her, I do, too.

あなたの兄弟2人は本当に似ているので、誰が誰だか区別するのは難しい。
Both of your brothers are so alike that it is hard to tell who is who.

雨が降りそうだけれども、野球の試合は延期されないだろう。
The baseball game won't be postponed even though it looks like rain.

あなたが適時に対処できるよう、もっと早くメールを送るべきでした。
I should have e-mailed you sooner so that you could react in a timely manner.

電車が遅れたのは、大雪が原因であった。
It was because of the heavy snow that the train was delayed.

Chapter 9 50講 主張を表す接続詞・省略の識別 TRACK 050

もし尋ねられたら、「彼らは知らない人です」と言うだろう。
If asked, you would say, "They are new to me."

その科学者の発見が重要だと理解した人がいたにしても、その数は少なかった。
Few, if any, people understood the importance of the scientist's discovery.

パスポートを申請する時は、写真証明を出さないといけない。
When applying for a passport, you must provide photo identification.

私はパーティに行くことができなかったし、行きたくもなかった。
I was not able to go to the party, nor did I want to.

約90%の人は右利きであり、これは全く独自というわけでもないが、動物の世界では珍しい。
About ninety percent of human beings are right-handed, which is unusual in the animal kingdom, although not quite unique.

NOTE

NOTE

NOTE

NOTE

著者 土岐田健太

東進ハイスクール、東進衛星予備校英語講師、河合塾講師。英語コーチングスクールLibarts代表。TOEIC L&R テスト990点満点取得。英検1級取得。上智大学文学部英文科卒（学業奨励賞受賞）、同大学院文学研究科英米文学専攻博士前期課程修了。「将来どこでも通用する英語」をモットーに基礎クラスから東大クラスまで幅広く担当し、社会人や保護者向けの講演会でも講師を務める。主な著書に『1回1分でサッとおさらい！　マンガでゆるっと英語』『英作文トレーニングドリル Transform』（ともにGakken）がある。

KOKOKARA DRILL SERIES 大学入試 TSUNAGERU

土岐田のここからつなげる英文法ドリル

PRODUCTION STAFF

ブックデザイン	植草可純　前田歩来（APRON）
著者イラスト	芦野公平
本文イラスト	近藤圭恵
企画編集	髙橋龍之助（Gakken）
編集担当	髙橋龍之助　木村叡（Gakken）
編集協力	株式会社 オルタナプロ
校正	工藤竜暉　高木直子
英文校閲	日本アイアール株式会社
販売担当	永峰威世紀（Gakken）
音声収録	（財）英語教育協議会
データ作成	株式会社 四国写研
印刷	株式会社 リーブルテック

読者アンケートご協力のお願い

この度は弊社商品をお買い上げいただき、誠にありがとうございます。本書に関するアンケートにご協力ください。右のQRコードから、アンケートフォームにアクセスすることができます。ご協力いただいた方のなかから抽選でギフト券（500円分）をプレゼントさせていただきます。

アンケート番号：305611

※アンケートは予告なく終了する場合がございます。

KOKOKARA DRILL SERIES

大学入試

TSUNAGERU

土岐田のここからつなげる英文法ドリル

別冊

解答・解説

Answer and Explanation

A Workbook for Achieving Complete Mastery

English Grammar by Kenta Tokita

Gakken

←軽くのりづけされているので、外して使いましょう。

土岐田のここからつなげる英文法ドリル

別冊 解答解説

答え合わせのあと
必ず解説も読んで
理解を深めよう

MEMO

Chapter 1 **01講** 演習の問題 → 本冊P.19

文型の識別

1 ① 第5文型／この本はあなたを賢くする。
② 第5文型／このパソコンはあなたの生活をより快適にする。
③ 第3文型／私は彼氏のためにクッキーを作った。

2 ① The news made him upset yesterday
② The development of social media has made communication easier

3 ① This medicine makes me sleepy.
② This workbook makes me smart.

1

① 正解 第5文型／この本はあなたを賢くする。
第5文型の make O C「OをCにする」です。you = smartの関係があります。

② 正解 第5文型／このパソコンはあなたの生活をより快適にする。
第5文型の make O C「OをCにする」です。your life = more comfortable の関係があります。

③ 正解 第3文型／私は彼氏のためにクッキーを作った。
第3文型の make O for～は「～のために…を作る」の意味になります。make「作る」は1人でもできる行為です。そのため、「誰かのためにした」と言うときにはforが必要になります。なお、これは第4文型でも表せます。

I made some cookies (for my boyfriend).
S V O M

I made my boyfriend some cookies.
S V O_1 O_2

makeの場合、その人のためを思って作るので、「～のために」の意味になるforが入ります。

アドバイス

第5文型はまず直訳からマスターすべし！

第5文型ではよく無生物(itや物)が主語になります。これを**無生物主語**と言います。まるで命が吹き込まれたように、物が主語となり、それが何らかの影響を及ぼしてある状態になることを表します。

• His stories make me happy.
S V O C

訳 彼の話が私を幸せにする。
自然な日本語では「彼の話を聞いて私は嬉しい」のようになるのですが、まずは基本に忠実な直訳でかまわないので、「文の構造が浮かび上がる訳し方」を心がけてみましょう。それが英語の発想を理解することにつながります。

2

① 正解 The news made him upset yesterday
him = upsetの関係を作る**第5文型**です。

The news made him upset (yesterday). him = upset
S V O C M

なお、upsetは「動揺している」のように書かれていることも多いのですが、「怒っている」の意味で使われることもあるので注意が必要です。

② 正解 The development of social media has made communication easier
第5文型に当てはめます。the development of X「Xの発達」のパターンはよく第5文型の主語に使われます。なお、communication = easierの関係です。

The development of social media has made
S V

communication easier. communication = easier
O C

3

① 正解 This medicine makes me sleepy.
無生物主語がポイントです。「この薬」が無生物主語になります。me = sleepyの**第5文型**です。

This medicine makes me sleepy. me = sleepy
S V O C

② 正解 This workbook makes me smart.
無生物主語がポイントです。「このドリル」が無生物主語になります。me = smartの**第5文型**を使います。

This workbook makes me smart. me = smart
S V O C

Chapter 1 **02講** 演習の問題 → 本冊P.21

第1文型の活用

1 ① 第1文型／私の姉〔妹〕は先週大阪へ出発した。

② 第1文型／私は10年前この町へ引っ越した。
③ 第1文型／僕の彼女は昨年オーストラリアへ戻って行った。

2 ① My brother moved to London three months ago
② My boyfriend returned to Hokkaido two years ago
③ When I got home, my cat was lying on the sofa

3 ① I got to the station five minutes ago.
② My mother left for Los Angeles by airplane.

1

① 正解 **第１文型／私の姉〔妹〕は先週大阪へ出発した。**

SVMの**往来発着系の第1文型**です。left for ～ で「～に向けて出発する」の意味になります。それとは対照的にget to ～は「～に到着する」の意味です。

My sister left (for Osaka) (last week).
S V M M

② 正解 **第１文型／私は10年前この町へ引っ越した。**

SVMの**往来発着系の第1文型**です。move to ～ で「～に引っ越す」の意味になります。toは方向を表します。

I moved (to this town) (ten years ago).
S V M M

③ 正解 **第1文型／僕の彼女は昨年オーストラリアへ戻って行った。**

SVMの**往来発着系の第1文型**です。return to ～ で「～に戻る」の意味になります。

My girlfriend returned (to Australia) (last year).
S V M M

アドバイス

第1文型の往来発着系の動詞を押さえる

第1文型と相性がよいのは往来発着系の動詞と存在系の動詞だと紹介しました。最も基本的な往来発着系の動詞がgoであり、go to ～ で「～に行く」という意味です。walk to ～「～に歩いて行く」、drive to ～「～に車で行く」、fly to ～「～に飛行機で行く」という表現まであります。

- I walk (to school).
  S V M

訳 私は歩いて学校に行く。

2

① 正解 **My brother moved to London three months ago**

SVMの**往来発着系の第1文型**です。move to ～ で「～に引っ越す」の意味になります。to以下の副詞句が動詞moveを修飾します。

My brother moved (to London)
S V M
(three months ago).
M

② 正解 **My boyfriend returned to Hokkaido two years ago**

SVMの**往来発着系の第1文型**です。return to ～ で「～に戻る」の意味になります。

My boyfriend returned (to Hokkaido)
S V M
(two years ago).
M

③ 正解 **When I got home, my cat was lying on the sofa**

SVMの**存在系の第1文型**です。lie on ～ で「～の上に横たわる」の意味になります。平面上の接触を表す前置詞onと一緒に使われています。

(When I got (home)), my cat was lying
s v M S V
(on the sofa).
M

3

① 正解 **I got to the station five minutes ago.**

SVMの**往来発着系の第1文型**です。get to ～ で「～に到着する」の意味です。toは到着点へたどり着く方向のイメージです。agoは「～前に」という意味で、過去時制で用いられます。

I got (to the station) (five minutes ago).
S V M M

② 正解 **My mother left for Los Angeles by airplane.**

SVMの**往来発着系の第1文型**です。leave for ～で「～に向けて出発する」の意味になります。forは目的地への方向のイメージです。

My mother left (for Los Angeles) (by airplane).
S V M M

Chapter 1 **03講** 演習の問題 ➡ 本冊P.23

第3文型の活用

1 ① 第3文型／私は車に財布を置き忘れた。
② 第3文型／私の母は先週の日曜日、私の娘のためにクッキーを作った。
③ 第3文型／私はほとんどのアメリカ人がとても親切であると信じている。

2 ① I guess he is a professor at the University of Tokyo
② I hope he will come over to my house

3 ① I guess (that) he is the author of the[that] book.
② I think (that) I left the[that] book on the bus.
③ I think (that) he is[will be] busy tonight.

1

① 正解 **第３文型／私は車に財布を置き忘れた。**
第3文型は後ろに**目的語**を取ります。leave Oで「〜を置き忘れる」の意味です。

I left my purse (in the car).
S V O M

② 正解 **第３文型／私の母は先週の日曜日、私の娘のためにクッキーを作った。**
第3文型に**前置詞**＋**名詞**がついたものです。make O for 人で「人のために〜を作る」の意味です。

My mother made some cookies
S V O

(for my daughter) (last Sunday).
M M

③ 正解 **第３文型／私はほとんどのアメリカ人がとても親切であると信じている。**
believe that svの形は、第3文型です。「that以下と信じている」という意味になります。コツはthatが作る名詞節を1つのカタマリと捉えることです。

I believe 〈that most Americans are (very)
S V O s v M

friendly〉.
c

アドバイス

thinkを使う文の否定の考え方

thinkやbelieveなどの動詞はthat節を導き、「that以下と考える」という意味になります。その文の否定文を作るときは、that節中にnotを使うのではなく、次のようになります。

- I do not think 〈that he is wrong〉.
S V O s v c

訳 私は彼が間違っているとは思わない。

このように主節の動詞を否定するのが普通です。これは、英語では文の最初の方に「肯定しているのか、それとも否定しているのか」を相手に伝えたいからというのが大きな理由です。

2

① 正解 **I guess he is a professor at the University of Tokyo**
guess (that) svの形は第3文型です。「that以下と推測する」という意味になります。thatは省略されることも多いです。学校のような場所を1点の場所と捉えるとき、前置詞atが使われることを覚えておきましょう。

I guess 〈he is a professor
S V O s v c

[at the University of Tokyo]〉.

② 正解 **I hope he will come over to my house**
hope (that) svの形で「that以下と願う」という意味になります。

I hope 〈he will come over (to my house)〉.
S V O s v M

なお、come over to 〜「〜に遊びに行く」は、overの向こう側からこちらに来るイメージから「わざわざ来てくれる」というニュアンスがあります。

3

① 正解 **I guess (that) he is the author of the[that] book.**
guess (that) svという形で「that以下と推測する」という意味になります。that以下を1つのカタマリの目的語とみなします。

I guess 〈he is the author [of the book]〉.
S V O s v c

② 正解 **I think (that) I left the[that] book on the bus.**
think (that) svで「that以下と考える」の意味になります。that節中のleft Oも第3文型です。

I think 〈I left the book (on the bus)〉.
S V O s v o M

③ 正解 I think (that) he is[will be] busy tonight.
think (that) sv で「that 以下と考える」の意味です。

I think 〈he is busy (tonight)〉.
S V O s v c M

Chapter 1 **04講** 演習の問題 ➡ 本冊 P.25

自動詞と他動詞

1 ① 第3文型/多くの観光客が昨年日本を訪れた。
② 第3文型/私はあなたがあなたのお兄さんと似ていると思っている。
③ 第3文型/今年、我々の大学にとって重要なマイルストーンにたどり着いた。

2 ① Please raise your hand if you have any questions
② The sun rises in the east and sets in the west

3 ① I graduated from college [university] in 2010.
② I visited Kyoto on November 24th in 2020.

1

① 正解 **第3文型/多くの観光客が昨年日本を訪れた。**
他動詞の visit です。visit O で「〜を訪れる」の意味になります。last year が「昨年」と過去を表す語句で、かつ visited が過去形なので「訪れた」と時制は過去で訳してください。

② 正解 **第3文型/私はあなたがあなたのお兄さんと似ていると思っている。**
動詞 (that) sv の第3文型です。think (that) sv の形で「that 以下と考える」の意味になります。resemble O で「〜に似ている」です。resemble は他動詞で、後ろに目的語を取ります。

③ 正解 **第3文型/今年、我々の大学にとって重要なマイルストーンにたどり着いた。**
reach O で「〜に到達する」という意味になります。have reached の部分は現在完了の完了用法で、「現在もその余韻に浸っているニュアンス」が出ます。

アドバイス 

自動詞と他動詞の識別はよく狙われる!

rise と raise の識別問題を解くときには「それ自体がする」のかそれとも「何かに手を加えるのか」を基準に考えるとうまくいきます。rise は「(太陽などが)昇る」に対して、raise は「(手など)を挙げる」の意味になります。また、連語(コロケーション)から押さえるのも効果的で、rise はよく rise in the east「東から昇る」のように使われます。

2

① 正解 **Please raise your hand if you have any questions**
「〜してください」なので、命令文の丁寧表現を使います。please を文頭につけて、後ろは命令文なので、動詞の原形の形を使います。また、他動詞の raise「〜を上げる」には目的語が必要なので、your hand が目的語に入ります。後半は接続詞の if を使うので、後ろの形が sv になる点も要チェックです。

接続詞
Please raise your hand (if you have any questions).
命令文 V O s v o

② 正解 **The sun rises in the east and sets in the west**
rise は**自動詞**であり「上がる/昇る」という意味になります。**set** も**自動詞**で「沈む」になるので、セットで覚えましょう。等位接続詞の and で rises と sets が並列されています。

並列
The sun rises (in the east) and sets (in the west).
S V① M V② M

3

① 正解 **I graduated from college [university] in 2010.**
自動詞の graduate の使い方がポイントです。graduate from 〜 で「〜を卒業する」の意味になります。graduate は自動詞なので前置詞が必要です。なお、「大学を卒業する」は graduate from college や graduate from university を使います。

② 正解 **I visited Kyoto on November 24th in 2020.**
visit は他動詞で「〜を訪れる」の意味になります。過去形なので、-ed をつけて visited にします。11月24日のように、具体的な日付を言うときには、前置詞は on が最適です。また、西暦を言うときには広い年を表すため、前置詞は in を使います。

Chapter 1 **05**講 演習の問題 → 本冊P.27

第4文型の活用1

1 ①㋒ ②㋐
2 ① She handed it to me
② Could you pass me the salt
③ A very helpful woman gave me directions to the police station
3 ① He told me an interesting story.[He told an interesting story to me.]
② He showed me his card collection.[He showed his card collection to me.]

1

① 正解 ㋒

訳 生徒たちはスピーカーの話にとても感銘を受けたので、彼女に拍手喝采を送った。

第4文型の**授与動詞**のパターンです。give 人 物の形で「人に物を与える」の意味です。give 人 a round of applause で「人に拍手喝采を送る」の意味になります。

The students (S) were (V) [so] impressed (C)
(by the speaker's talk) (M) [that] they (s) gave (v) her (o_1)
a round of applause. (o_2)

② 正解 ㋐

訳 私は昨日母のために美しい花を買った。

第4文型の書き換えで用いられる第3文型のパターンです。buy 物 for 人の形で「人のために物を買う」の意味になります。買う行為は1人でも行えるのでforが用いられます。「その人のためを思って買う」わけです。

I (S) bought (V) some beautiful flowers (O)
(for my mother) (M) (yesterday). (M)

アドバイス 

書き換えにおけるグルーピング記憶の大切さ

第4文型から第3文型に書き換える問題は重要です。圧倒的にgive型が多いため、その書き換えをすべて押さえるのはナンセンスです。数が少ないbuy型とask型を覚えてしまう方が賢明でしょう。buy／make／cookなどはforを取り、askはofを取ります。そして、その他の動詞はtoを取るのだと覚えてください。giveのタイプは「二者間で行うことが前提」と理解すればよく、buyのように「1人でもできる行為」は「その人のためを思って行う」と理解します。なお、askは唯一ofになるので、これはそのまま丸暗記でもOKです。

- May I (S) ask (V) you (O_1) a question (O_2)?
- May I (S) ask (V) a question (O) (of you) (M)?

訳 あなたに質問してもいいですか。

2

① 正解 She handed it to me

第4文型から第3文型への書き換えです。hand 人 物をhand 物 to 人へと書き換えています。

She (S) handed (V) it (O) (to me) (M).

② 正解 Could you pass me the salt

第4文型のpass O_1O_2のパターンです。pass 人 物の形で「人に物を手渡す」という意味になります。

Could you (S) pass (V) me (O_1) the salt (O_2)?

③ 正解 A very helpful woman gave me directions to the police station

これはひっかけパターンです。toがあるので一瞬第3文型を使うのか迷った人もいるかもしれませんが、第4文型を使います。give 人 directionsは「人に道案内する」の意味です。最後のto the police stationは第3文型への書き換えのtoではなく、あくまでも「警察署へ」という方向のtoです。

A very helpful woman (S) gave (V) me (O_1) directions (O_2)
[to the police station].

3

① 正解 He told me an interesting story.[He told an interesting story to me.]

第4文型のtell O_1O_2のパターンです。tell 人 物の形で「人に物を言う」の意味になります。

He (S) told (V) me (O_1) an interesting story (O_2).

別解として、第3文型も可能です。

He (S) told (V) an interesting story (O) (to me) (M).

② 正解 He showed me his card collection.[He showed his card collection to me.]

第4文型のshow O_1O_2のパターンです。show 人 物の形で「人に物を見せる」の意味になります。

He showed me his card collection.
S V O1 O2

別解として、第3文型も可能です。

He showed his card collection (to me).
S V O M

Chapter 1 06講 演習の問題 ➡ 本冊P.29

第4文型の活用2

1 ①ア ②ア
2 ① took me / to proofread his paper
② washing machine / save you / lot / water / electricity
3 ① It took me a[one] week to recover from the jet lag.
② This book cost me one[a] thousand yen.

1

① 正解 ア

訳 私はここに着くのに3時間かかった。

第4文型のtakeの語法です。〈It takes 人 時間 to + 動詞の原形〉「人が〜するのに時間がかかる」を使います。過去形なのでtookになっています。

It took me three hours 〈to get here〉.
S V O1 O2

② 正解 ア

訳 今の私があるのは父の言葉のおかげだ。

第4文型のowe 人 物は第3文型のowe 物 to 人に書き換えられます。よく日本語でも「あの人に借りがある」という言い方をしますよね。「人に物を借りている」から、恩義に関しても使われます。「物が人のおかげである」の訳になります。

I owe 〈what I am today〉 (to my father's words).
S V O M

2

① 正解 took me / to proofread his paper

第4文型のtakeの語法です。〈It takes 人 時間 to + 動詞の原形〉「人が〜するのに時間がかかる」を使います。paperは「紙」以外にも特別な意味があります。冠詞がついたり、所有格がついたりしたときには「論文」や「レポート」の意味になるのです。

It took me all day 〈to proofread his paper〉.
S V O1 O2

② 正解 washing machine / save you / lot / water / electricity

第4文型のsaveの語法です。save 人 手間で「人の手間を省く」の意味になります。「手間」の他にはtime「時間」が来ることも多いです。

This washing machine will save you
S V O1

a lot of water and electricity.
O2

3

① 正解 It took me a[one] week to recover from the jet lag.

第4文型のtakeの語法です。〈It take 人 時間 to + 動詞の原形〉「人が〜するのに時間がかかる」を使います。「時差ぼけ」はjet lagです。熟語のrecover from 〜「〜から回復する」も覚えておきましょう。

It took me a week 〈to recover from the jet lag〉.
S V O1 O2

② 正解 This book cost me one[a] thousand yen.

第4文型のcostの語法です。cost 人 お金「人にお金がかかる」を使います。costの活用はcost-cost-costで、過去形も過去分詞も形は一緒です。

This book cost me one thousand yen.
S V O1 O2

Chapter 1 07講 演習の問題 ➡ 本冊P.31

第5文型の活用1

1 ①ア ②ウ
2 ① 道に迷ったせいで私は怒ったが、それを表には出さなかった。
② 彼らは友人関係を維持するのは難しいと思った。
3 ウ

1

① 正解 ア

訳 今、私たちは本当に手を清潔に保つ必要がある。

our hands (O) = clean (C)の第5文型です。選択肢の中で第5文型を作る動詞はkeep O C「OをCに保つ」のみです。

(Now) we (really) need to keep our hands
M S M V O

clean.
C

② 正解 ㋒

訳 テクノロジーはいつも世界をよりよい場所にできるとは限らない。

the world(O)＝a better place(C) の第5文型です。選択肢の中で第5文型を作る動詞はmake O C「OをCにする」のみです。また、not ... all the timeは部分否定で、「いつも…とは限らない」と訳します。

Technology (S) cannot make (V) the world (O) a better place (C) (all the time) (M).

> **アドバイス**
>
> **頻出の形式目的語構文①**
>
> 第5文型は形式目的語のitと単元コラボが起こります。
>
> • I found it (形式目的語) difficult [to understand the book] (真目的語).
>
> 訳 私はその本を理解することは難しいとわかった。
>
> 形式目的語のitを使い、最後にto understand the bookをつけ足します。特に、〈find＋it＋難易の形容詞＋to＋動詞の原形 ～〉は頻出構文なので、ぜひ覚えておきましょう。

2

① 正解 **道に迷ったせいで私は怒ったが、それを表には出さなかった。**

me(O)＝angry(C)の第5文型です。直訳すると「道に迷うことが私を怒らせた」ですが、「Sによって、OがCになる」と訳せます。第5文型の因果関係については**08講**で詳しく扱います。

〈Getting lost〉(S) made (V) me (O) angry, (C) [but] I (S) didn't show (V) it. (O)

② 正解 **彼らは友人関係を維持するのは難しいと思った。**

第5文型の形式目的語構文〈find＋it＋難易の形容詞＋to＋動詞の原形 ～〉「～することが…と思う」が使われています。このitは詳しい内容を後回しにし、to以下を気にならせる効果があります。

They (S) found (V) it (O, 形式目的語) difficult (C) 〈to maintain friendships〉 (真目的語).

3 正解 ㋒

訳 あの映画が私を怒らせた。すごく暴力的で気持ち悪かったのだ。

後ろの文から、空所にはネガティブな内容が来ると考えられます。㋒のdriving me crazy「私を怒らせる」が正解です。このように空所補充形式の問題でも文型の知識は活用できます。

That movie (S) was driving (V) me (O) crazy. (C)

It (S) was (V) very violent and gross. (C)

Chapter 1 **08講** 演習の問題 ➡ 本冊P.33

第5文型の活用2

1 ① mere sight ／ made ／ scared
② named manager of ／ new department

2 ① なぜあなたは私のEメールにそんなに動揺した〔怒った〕のですか。
② 「早寝早起きをすることによって、人は健康で裕福で賢くなる。」

3 ㋒

1

① 正解 mere sight ／ made ／ scared

第5文型のmake O C「OをCにする」を使います。直訳は「警察官を単に見たことが彼女の3歳の娘を怖がらせた」になります。scaredはp.p.(過去分詞)です。「3歳の娘が怖がらせられた」と受動の関係があるので、過去分詞を使います。

The mere sight of a police officer (S) made (V) her 3-year-old daughter (O) scared. (C)

② 正解 named manager of ／ new department

第5文型のname O C「OをCと名づける」が受動態の形で使われています。受動態では目的語を主語に立て、動詞はbe動詞＋p.p.の形を使うことに注意です。また、managerが無冠詞の理由をよく尋ねられるのですが、これは役職名は無冠詞で使うというルールがあるためです。例えば、president「大統領」やmanager「管理職」は本来名詞ですが、その人が偉いことが伝わるため、形容詞っぽい性質を持ちます。したがって、無冠詞で使うのです。

アドバイス

頻出の形式目的語構文②

形式目的語でも**因果関係**をつかむことが大切です。

- The train delay made it impossible for us to arrive at our destination in time. ［中央大］

㊋ その電車が遅延したせいで、私たちは時間内に目的地に到着できなかった。

〈無生物主語＋make＋it＋難易の形容詞＋for人＋to＋動詞の原形〉は、「物によって、人が〜することが…になる」と訳され、特に整序英作文問題で頻出です。

プラスの文脈ならば「おかげで」、マイナスの文脈ならば「せいで」のように解釈すると自然な日本語になります。

2

① 正解 **なぜあなたは私のEメールにそんなに動揺した〔怒った〕のですか。**

和訳問題の定番の**whatを使った第5文型**です。「何が」と訳すと意味が通じにくくなるので、主語を原因と捉え、「なぜ」と訳すと自然な解釈になります。

What made you (so) upset (with my e-mail)?
S V O M C M

② 正解 **「早寝早起きをすることによって、人は健康で裕福で賢くなる。」**

第5文型のmake O Cで「Sによって、OはCになる」と訳します。直訳は「早寝早起きをすることは人を健康で裕福で賢くする」です。因果関係として訳せば、「早寝早起きのおかげで、人は健康で裕福で賢くなる」とすることもできます。

〈Early to bed, early to rise〉 makes a man
S V O

healthy, wealthy, and wise.
C

3 正解 ㋒

㊋（第5文型） その美しいビーチのおかげで、ここは観光客に大変人気な場所になっている。

㋐（第4文型） 彼はわらや竹の小枝を使って息子におもちゃの馬を作ってあげた。

㋑（第1文型） いつも言い争っていても幸せな結婚生活の役には立たない。

㋒（第5文型） 彼女は常識があるので素晴らしい看護師である。

㋓（第2文型） この部屋は快適なオフィスになるでしょう。

第5文型のmake O Cが使われているので、問題文と㋒の文が共通しています。この上智大学の問題は選択肢がすべてmakeを使った文型ということもあり、出題された当時かなり話題になりました。

問題文ではthis＝a highly popular area with touristsの関係があります。

Its beautiful beaches make this
S V O

a highly popular area [with tourists].
C

正解の選択肢の㋒はher＝an excellent nurseの関係があります。イコール関係が成り立つとき、SVOCの第5文型になるのでしたね。

Her common sense made her
S V O

an excellent nurse.
C

Chapter 1 **09講** 演習の問題 ➡ 本冊P.35

語法の活用

1 ①㋑ ②㋓

2 ① enable you to gain an understanding

② should get your passport renewed before you leave

3 This book will enable us to understand the[that] country better.

1

① 正解 ㋑

㊋ 私は息子がシンガポールから帰ってくる前に、車を修理してもらわなければならない。

第5文型の**get O p.p.**は「Oを〜される」の語法です。「私の車＝修理される」の関係が成り立ちます。自分にとってプラスのことをされる場合には「〜してもらう」と訳すとよいでしょう。目的語と補語の関係は受動の関係なので、p.p.を使います。

I have to get my car repaired
S V O C

(before my son comes (back) (from Singapore).
s v M M

② 正解 ㋓

㊋ 奨学金のおかげで、娘は大学に行けるだろう。

〈enable 人 to＋動詞の原形〉の語法です。直訳すると「人が〜することを可能にする」ですが、「Sによって人は〜できる」と訳されるケースが大半です。

The scholarship will enable my daughter
S　V　O

〈to go to college〉.
to＋動詞の原形

2

① 正解 **enable you to gain an understanding**

〈enable人 to＋動詞の原形〉の語法を使います。gain an understanding of Xのコロケーションで「X(について)の理解を得る」の意味です。

This magazine will enable you
S　V　O

〈to gain an understanding of world history〉.
to＋動詞の原形

② 正解 **should get your passport renewed before you leave**

第5文型のget O p.p.を使います。your passportとrenewedの間には「パスポートが更新される」という受動の関係があります。getの語法問題では目的語と補語の間の関係を見抜くのが重要です。

It is necessary 〈that you should get
S V C s v

your passport renewed (before you leave
o c s v

the country)〉.
o

3 正解 **This book will enable us to understand the [that] country better.**

「この本を読めば～できる」の部分から、〈動詞O to＋動詞の原形〉の語法知識を活用する問題だとわかり、〈enable 人 to＋動詞の原形〉を使います。「理解できるようになる」は英作文で狙われる率が高いので、ぜひ自然に使いこなせるようにしましょう。また、最後のbetterは「よく」のwellの比較級で「よりよく」という意味になります。

This book will enable us
S　V　O

〈to understand the country better〉.
to＋動詞の原形

Chapter 1　**10講**　演習の問題 ➡本冊P.37

基本5文型の総演習

1 ①イ　②イ
2 ① stay enabled me to build
② will have my tooth pulled out
3 ウ

1

① 正解 イ

訳 なぜ海外留学することに決めたのですか。

原形不定詞を使った第5文型です。make O 原形「Oに原形させる」を見抜くと解きやすい問題でした。whatが主語になるパターンは頻出です。「何があなたに海外留学することを決断させましたか」が直訳です。

What made you decide to study abroad?
S　V　O　動詞の原形

② 正解 イ

訳 オペラの第3幕の幕がついに上げられた。

文型と受動態のコラボ問題です。finally「ついに」が挟まっていますが、〈be動詞＋p.p.〉の形に気づけたかがポイントです。raise「(幕)を上げる」は他動詞なので、能動態のときの後ろの目的語を主語にして受動態にすることができます。

The curtain [for Act III of the opera]
S

was (finally) raised.
be＋過去分詞

アドバイス

文型識別問題は英語の真髄

文型の識別問題ではmake／leave／get／driveなどの**基本動詞**が狙われます。特に難関大学ではmakeを筆頭に、leaveやdriveまで守備範囲にする必要があるので、注意が必要です。過去にこれらの基本動詞のすべての文型を識別させる問題を大問1個丸ごと出したのが上智大学です。英語難関校が文型の重要性を示してくれました。

2

① 正解 **stay enabled me to build**

「できる」という言葉があると、すぐにcan[could]

を使いたくなりますが、整序英作文で「～によって、…することができる」とあるときには、enableの語法を疑ってみることが重要です。無生物主語の「長期滞在」(My long stay)から書き始め、〈enable人 to＋動詞の原形〉の語法のパターンに当てはめます。

My long stay enabled me 〈to build a broad
S V O to＋動詞の原形

picture of Canadian culture, [which was
s' v

necessary (to make a promotional film)]〉.
c

② 正解 **will have my tooth pulled out**

文型と分詞とのコラボ問題です。第5文型のhave O p.p.を使います。my tooth「私の歯」は他者から抜かれるという関係があるので、過去分詞のpulled outを使っています。

I will have my tooth pulled out (at the dentist's)
S V O C M

(tomorrow).
M

3 正解 ㋒

訳 遺言の中で、彼はすべての子どもたちに少額のお金を残した。(第4文型)

㋐(第5文型) 彼は妻を若くして未亡人にし、2人の息子には父親がいなくなってしまった。

㋑(第3文型) 彼は妻のもとを去った。それでよかったのだ。

㋒(第4文型) 彼は妻と家族にかなりの財産を残した。

㋓(第3文型) 富士山行きのバスは東京駅を1時間おきに出る。

文型の識別問題です。問題文のleftは目的語とその後ろの関係を見ると、子どもたち≠お金の関係なので、**第4文型**になっています。

すべての子どもたち≠少額のお金

～ he left all his children a small sum of money.
S V O_1 O_2

leave O_1O_2の第4文型になるのは㋒のみです。

妻と家族≠かなりの財産

He left his wife and family considerable assets.
S V O_1 O_2

Chapter 2 **11講** 演習の問題 ➡ 本冊P.39

品詞の識別

1 ① 形容詞／かわいらしい
② 副詞／遠隔で
③ 副詞／とても

2 ① 彼女はかわいい女の子だ。
② それは対面の面接だった。
③ ほぼすべての村は今小学校がある。
④ 私の彼氏は1時に着くとメールをくれた。

3 ①㋑ ②㋑

1

① 正解 **形容詞／かわいらしい**

訳 かわいらしい女の子

形容詞の修飾関係の問題です。名詞のgirlを修飾するので、lovelyは形容詞です。

② 正解 **副詞／遠隔で**

訳 彼は遠隔で働いている。

動詞の修飾をするのは副詞です。動詞のworksにかかるので副詞になります。remotelyはremote「遠隔の」に-lyがついた副詞で、「テレワークで」や「遠隔で」と解釈できます。

アドバイス

各品詞の役割を押さえる

品詞の役割をより実践で使えるレベルになるためには、文のどこに置かれるのかをきちんと確認する習慣が大切です。例えば、入試にも頻出のtalk online「オンラインで話す」という表現があります。onlineは動詞を修飾するので副詞です。一方、online classes「オンラインの授業」では名詞を修飾しているので、形容詞となります。

③ 正解 **副詞／とても**

訳 A: 調子はどうですか。B: とてもいいです！

形容詞を修飾できるのは副詞です。prettyはgoodを修飾しており、「とても」の意味になります。

2

① 正解 **彼女はかわいい女の子だ。**

形容詞の修飾関係の問題です。prettyはgirlを修飾するので、形容詞となります。

② 正解 **それは対面の面接だった。**

形容詞の修飾関係の問題です。face-to-faceが名詞を修飾しているので、形容詞になります。

③ 正解 **ほぼすべての村は今小学校がある。**
almostの修飾関係です。everyは名詞にかかりますので、形容詞として機能しています。副詞は形容詞を修飾できるので、almostは副詞です。

・(他の例)Almost all Americans have practiced public speaking skills in school.
(Almost＝副詞、all＝形容詞、Americans＝名詞)
訳 ほぼすべてのアメリカ人が学校でパブリックスピーキングの技術を練習してきた。

④ 正解 **私の彼氏は1時に着くとメールをくれた。**
主述関係をつかむ問題です。textは動詞で使うと「(ショートメッセージを)送る」くらいの意味で使います。
My boyfriend texted he'd arrive (at one o'clock).
(My boyfriend＝S、texted＝V、he＝s、'd arrive＝v、(at one o'clock)＝M)
he'dはhe wouldの短縮形になっています。willではなくwouldを使うのは、textedが過去形なので、**時制の一致**が起こるからです。

3

① 正解 ㋑
訳 これはとても人気のあるレストランなので、ほぼすべての席が常に予約されている。
副詞のalmostの問題です。almostは副詞なので、動詞や形容詞にかかります。選択肢を見ると、その条件を満たすのは㋑のみです。なお、㋒eachは単数扱い、㋓the most ofはtheが不要です。

② 正解 ㋑
訳 このテクノロジーは現在のところ研究と情報の共有目的にのみ使われている。
時に関する副詞は一般動詞の前、be動詞の後に使います。特に**頻度に関する副詞**がこのルールに当てはまります。正解は㋑**currently**「現在は」です。㋐lonely「寂しい」、㋒friendly「親しい」、㋓ugly「醜い」はすべて形容詞です。

Chapter 2 **12講** 演習の問題 → 本冊P.41

紛らわしい名詞と動詞の識別

1 ①名詞／問題 ②動詞／重要である
③動詞／(～に)直面する ④名詞／顔

2 ①動詞／続く ②名詞／最後
③名詞／(土)地 ④動詞／着陸する
⑤動詞／(～に)影響を与える

3 ①㋐ ②㋓

1

① 正解 **名詞／問題**
訳 それは時間の問題だ。
冠詞のaがついているので、正解は名詞です。名詞のmatterは「問題」の意味になります。

② 正解 **動詞／重要である**
訳 富は重要だ。
主語の後には動詞が来ます。動詞のmatterは「重要である」という意味です。

③ 正解 **動詞／(～に)直面する**
訳 彼女は多くの問題に直面している。
主語の後の〈be動詞＋Ving〉「～している」からfaceは動詞とわかります。動詞のfaceは「～に直面する」という意味です。

④ 正解 **名詞／顔**
訳 ジュリエットはかわいい顔をしている。
形容詞が修飾する名詞のfaceは「顔」の意味です。

アドバイス

品詞はパターンが決まっている

品詞には**狙われるパターン**があります。それは明らかに品詞違いで、識別の知識を活用するものです。

名詞	動詞
face「顔」	face「～に直面する」
matter「問題」	matter「重要である」

2

① 正解 **動詞／続く**
訳 この状況は続かないだろう。
助動詞のwill notの後に来る品詞は動詞です。動詞のlastは「続く」の意味で使われます。

② 正解 **名詞／最後**
訳 彼女がランナーの最後であった。
冠詞のtheがついており、lastは名詞です。

③ 正解 **名詞／(土)地**
訳 それは平等な機会の地だ。
冠詞のつく名詞のlandは「土地」の意味です。

④ 正解 **動詞／着陸する**
訳 ニール・アームストロングは月に着陸する最初の人だった。
land on ～「～に着陸する」という熟語です。〈to＋動詞の原形〉の形からlandは動詞とわかります。

⑤ 正解 **動詞／(～に)影響を与える**

訳 気候変動は地球に影響を及ぼしている。
動詞のaffectと名詞のeffectの識別問題です。主語の後の〈be動詞＋Ving〉「〜している」からaffectは動詞とわかります。

3

① 正解 ㋐
訳 彼はなぜ機械が適切に動いていないのかを理解しようとしていた。
熟語の問題です。figureは名詞では「数字」の意味もありますが、figure outと動詞の熟語で使うと「〜を理解する」の意味です。

② 正解 ㋓
訳 この間の夏はかなり暑かった。実際、私は休暇中ずっと暑い天気の影響に苦しんでいた。
affectとeffectの識別問題です。今回はtheがついているので、名詞のeffectを使います。

Chapter 2 **13**講 演習の問題 ➡ 本冊P.43

紛らわしい形容詞と副詞の識別

1 ① 形容詞／親しみやすい
② 形容詞／早い ③ 副詞／早く
④ 形容詞／かわいらしい
2 ① 形容詞／優れた〔よい〕
② 副詞／よく
③ 形容詞／熱心な ④ 副詞／熱心に
⑤ 副詞／速く
3 ① ㋓／good ② ㋑／unlikely

1

① 正解 **形容詞／親しみやすい**
訳 私の同居人はとても親しみやすい。
My roommate＝(very) friendlyの関係で、形容詞になります。friendlyはもはやカタカナ語にもなっていますが、「親しみやすい」の意味です。

② 正解 **形容詞／早い**
訳 彼は早起きの人だ。
riserは名詞で、earlyはそれを修飾する形容詞です。

③ 正解 **副詞／早く**
訳 彼女は朝早く起きる。
動詞のgets upを修飾するので、このearlyは副詞の「早く」の意味になります。

④ 正解 **形容詞／かわいらしい**
訳 私の彼女はかわいらしい。
My girlfriend＝lovelyの関係です。lovelyは形容詞で「かわいらしい」となります。

アドバイス 

うまく言い換える力をつける

品詞で「言い換える力」をつけると、同じことを様々なスタイルで表現できるようになります。

• He is a fluent speaker of English. 形容詞
訳 彼は英語の流暢な話し手だ。
⇒彼は英語を流ちょうに話す。

• He speaks English fluently. 副詞

2

① 正解 **形容詞／優れた〔よい〕**
訳 岡本先生は優秀な先生だ。
goodはteacherを修飾する形容詞です。「優れた」の意味になります。

② 正解 **副詞／よく**
訳 私は柳生先生をよく知っている。
wellは動詞のknowを修飾しています。knowを修飾する副詞のwellは「よく」の意味です。

③ 正解 **形容詞／熱心な**
訳 小倉先生は熱心な働き者だ。
名詞のworkerを修飾するhardは形容詞です。形容詞のhardは「熱心な」の意味になります。

④ 正解 **副詞／熱心に**
訳 高山先生はとても熱心に働く。
動詞のworksを修飾する副詞のhardは「熱心に」という意味になります。

⑤ 正解 **副詞／速く**
訳 土岐田先生は速く歩く。
動詞のwalksを修飾する副詞のfastは「速く」の意味になります。

3

① 正解 ㋓／**good**
訳 日本、インド、ギリシャ料理は極めておいしいロンドンで人気のあるタイプの料理の3つだ。
taste「味がする」は第2文型を取る動詞です。補語になれる品詞は形容詞か名詞のいずれかになります。補語には副詞のwellではなく、形容詞のgoodを使います。

② 正解 ㋑／**unlikely**
訳 私の意見では、電子書籍が完全に紙の書籍に取って代わる可能性はあまりなさそうだ。

品詞アプローチで解ける問題です。unlikeは前置詞になってしまうので、highlyが修飾する形容詞にする必要があります。形容詞はunlikelyです。「～する可能性がない」となります。

Chapter 2 **14講** 演習の問題 →本冊P.45

文全体を修飾する副詞

1 ①副詞／興味深いことに
②副詞／幸運なことに
③副詞／驚くべきことに
2 ① 一般的に、熱心な仕事は報われる。
② 残念ながら、私はアイスクリームを落とした。
③ 彼女はパーティに行かなかった。どうやら彼の言葉が彼女を怒らせたらしい。
3 ①㋑ ②㋐

1

① 正解 **副詞／興味深いことに**
訳 興味深いことに、キャンパスで彼にまた会った。
文頭のInterestinglyは**文全体を修飾する副詞**です。

② 正解 **副詞／幸運なことに**
訳 幸いにも、何もひどいことは起こらなかった。
文頭のFortunatelyは文全体を修飾する副詞です。

③ 正解 **副詞／驚くべきことに**
訳 驚くべきことに、私の彼氏はテストで満点を取った。
文頭のSurprisinglyは文全体を修飾する副詞です。

アドバイス

文頭の副詞は内容の予告をする

文頭の副詞は目立つので、**話題の展開を聞き手に伝えたり、次に続く内容に注目してもらったりする効果**があります。
例えば、次の表現はよく使われます。
• **Frankly**, spending too much money on your clothes is not a good thing.
訳 正直に言うと、服にお金をかけすぎることはいいことではない。
また、この表現は入試だとFrankly speakingが空所補充で狙われることもあります。
• 率直に言えば，あなたは彼の言うことを信じるべきではありません。
Frankly ( ), you shouldn't believe what he says.
[日本大]
この問題の答えはもちろんspeakingなのですが、このパターンで使われる表現は長文でもかなり重要になります。
frankly speakingは「正直に言うと」という意味ですが、**自分のホンネを言いたいときに役立つ副詞**です。カジュアルな言い方だと「ぶっちゃけると」に近い感覚で、これを文頭に使うことで「あっ、大事なことを言うぞ」とか「少し耳の痛いことを言うかも」などと聞き手や読み手も心の準備ができます。文頭の副詞が次の内容を予測させる役割を持つということですね。

2

① 正解 **一般的に、熱心な仕事は報われる。**
文頭のGenerallyは**一般論を述べる副詞**です。

② 正解 **残念ながら、私はアイスクリームを落とした。**
文頭のUnfortunatelyは**マイナスの情報を導く副詞**です。文全体を修飾します。

③ 正解 **彼女はパーティに行かなかった。どうやら彼の言葉が彼女を怒らせたらしい。**
apparentlyは真偽は定かではないけれど、話者の予想することを表す副詞です。

3

① 正解 ㋑
訳 同じ問題が3回起こった。結果として、我々は計画を止めなくてはいけなかった。
因果の副詞です。前半の内容が原因で、後半の内容が結果になっています。
原因
The same problem occurred three times.
↓
結果
Consequently, we had to suspend the plan.

② 正解 ㋐
訳 シンガポールは天然資源がほとんどない。それにもかかわらず、なんとか強い経済を発展させ、人気の観光目的地になった。
予測とは異なる内容が来るとき、副詞のnevertheless「それにもかかわらず」が使われます。
マイナスの情報を提示した後に、後続する文がプラスの内容に転じています。

Chapter 2　15講　演習の問題 ➡ 本冊P.47

紛らわしい前置詞の識別

1 ① in　② To　③ by　④ on
⑤ of
2 ①㋐　②㋓　③㋑　④㋒
3 ① on　② from

1

① 正解 in
訳 彼女は冬休みの間長野にスキーに行く予定だ。
to のミスが多いですが、スキーの活動をする場所を空間と認識し、in を使います。

② 正解 To
訳 驚いたことに、彼女は嵐の中一人で家に帰ることに決めた。
To + 感情名詞を使います。to one's surprise「驚くべきことに」という表現です。

③ 正解 by
訳 タカオはどうにか期限までに報告書を提出した。
期限の by です。by the deadline「期限までに」の意味になります。

④ 正解 on
訳 電車にいるとき、好きな音楽が聴ける。
足元との接触から、on the train を使います。

⑤ 正解 of
訳 この英語の辞書をとても役立つと思うだろう。
of + 抽象名詞の形です。of great use は形容詞 useful と同じ意味を表します。

アドバイス

熟語力をつけるコツ

熟語の多くには前置詞が含まれています。共通点に注目するのも重要です。例えば、tell A from B「A と B を区別する」のように、from には切り離して区別するニュアンスがあります。同じように使う熟語は、separate A from B や distinguish A from B があります。「区別する」の動詞は同じように from を伴うのです。

2

① 正解 ㋐
訳 深夜までに帰宅しなさい。
期限の by です。by midnight は「深夜まで」の意味になります。

② 正解 ㋓
訳 私は札幌の友人を訪ねるつもりで、水曜日までずっといる予定だ。
継続の until です。stay「居続ける」と、継続の until「〜までずっと」は相性がいいのです。

③ 正解 ㋑
訳 多くの人は「ステイホーム！」と書き、家の壁に標識を立てた。
接触の on です。壁と標識が接触します。

④ 正解 ㋒
訳 泥棒は浜辺の方に向かって逃げて行った。
方向の in です。in the direction of 〜「〜の方に」で覚えておきましょう。方向は意外なことに「空間」として認識されているようです。

3

① 正解 on
訳 a. 女優は指に大きなエメラルドの指輪をはめていた。
b. 私たちは若い頃、ラジオでニュースを聴いたものだった。
a. は**接触の on** です。b. は「電子媒体を使って」の意味になる on なので、on the radio「ラジオで」のセットフレーズの知識から解ける問題になっています。

② 正解 from
訳 a. スズキは3月にプロ野球を引退した。
b. 私たちはシャーロットがどこの出身かわからない。
a. は retire from 〜「〜を引退する」という熟語です。b. は come from 〜「〜出身だ」となり、**起点の from** と言います。

Chapter 3　16講　演習の問題 ➡ 本冊P.49

不定詞のカタマリの識別

1 ①㋑　②㋐
2 ① two hours to get on a ride
② be happy to be able to continue
your work with such nice

teammates

3 ① Could I have something cold to drink?

② Many people do not have an opportunity[a chance] to see the Northern Lights.

1

① 正解 ㋑

訳 我々はマークにパーティで会うことを期待していたが、彼は現れなかった。

名詞的用法です。expect「〜を期待する」は〈to＋動詞の原形〉と使います。

② 正解 ㋐

名詞的用法で、try to＋動詞の原形「〜しようとする」と使います。keep up with 〜は「〜に遅れずついて行く」なのに対して、catch up with 〜は「（遅れているところから）〜に追いつく」の意味です。

アドバイス

後置修飾は英語の重要ルール

英語では**後置修飾**が極めて多いです。ザックリと大まかな情報を伝えてから詳細の説明をするのが英語の語順の特徴なので、理解を深めておきましょう。

• I had an opportunity [to talk with the actor].

訳 私は[その俳優と話す]機会を持った。

このように、後ろから修飾することは不定詞だけではなく、分詞や関係代名詞にも見られるので、引き続き他の単元でも押さえていきましょう。

2

① 正解 **two hours to get on a ride**

「〜するために」から不定詞の**副詞的用法**とわかります。動詞のwaited「待った」を修飾しています。get on a rideで「乗り物に乗る」という意味です。

② 正解 **be happy to be able to continue your work with such nice teammates**

不定詞が**感情を表す判断の根拠**を示しています。happy「幸せだ」という感情の補足説明をしており、to以下は「実際に〜することができる」の意味のbe able to＋動詞の原形と共に使っています。

3

① 正解 **Could I have something cold to drink?**

不定詞の**形容詞的用法**です。somethingを修飾するときは後置修飾になります。

Could I have something [cold to drink]?
（後置修飾）

なお、cold「冷たい」やhot「熱い」は〈to＋動詞の原形〉の前に置きます。また、許可を求めるときは丁寧なCould I 〜? を使います。Can I 〜? はややフランクなので、ニュアンスの違いを押さえておきましょう。

② 正解 **Many people do not have an opportunity[a chance] to see the Northern Lights.**

不定詞の形容詞的用法です。「〜する機会」と言うときはopportunityやchanceを使います。

an opportunity [to see the Northern Lights]
（後置修飾）

なお、opportunityは「（絶好の）機会」で、chanceは「（偶然の）機会」というニュアンスがあります。

Chapter 3 **17講** 演習の問題 ➡ 本冊P.51

不定詞の用法識別[1]

1 ①㋑ ②㋓ ③㋓

2 ① warned my father not to smoke

② seems to have nothing to do with happiness

3 He grew up to be a famous scientist.

1

① 正解 ㋑

訳 新しいテクノロジーのおかげで、肌の老化の過程を遅らせることが可能になると示す研究もある。

形式目的語のitがポイントです。make it possible to＋動詞の原形の形で、SVOCをシンプルに作ります。to以下に本当の目的語を示す構文です。

Some studies (S) show (V)
〈that (O) new technology (s) makes (v) it (o: 形式目的語) possible (c)
〈to delay the skin aging process〉(真目的語)〉.

② 正解 ㋓

訳 トムは試験中寝ないよう4杯コーヒーを飲んだ。

目的を明確化するときはso as to＋動詞の原形を使います。否定語のnotは〈to＋動詞の原形〉の直前に置きます。「〜しないように」の意味です。

Tom (S) had (V) four cups of coffee (O) (so as not to fall asleep during the exam).

③ 正解 ㊓

訳 あなたは昨日私が言ったことを誤解していたようです。

seem to have + p.p. は述語動詞と to 以下の時制のズレを表します。seem「〜のように思われる」が現在のことなのに対して、「誤解した」のは過去のことです。

You seem to have misunderstood
S V

〈what I said (yesterday)〉.
O s v M

アドバイス

不定詞の結果用法

不定詞には結果用法があります。結果用法は決まった慣用表現を覚えておくことがポイントです。

• He tried hard, only to find that he had failed again.

訳 彼は一生懸命やってみたが、また失敗しただけだった。

〈only to + 動詞の原形〉で「〜しただけだった」という意味の表現が特に頻出です。only によってマイナスのニュアンスが生まれます。

2

① 正解 **warned my father not to smoke**

〈warn O not to + 動詞の原形〉「O が〜しないように警告する」を使います。tell、warn、advise は直後に〈O not to + 動詞の原形〉を取ることが多いです。

② 正解 **seems to have nothing to do with happiness**

seem to + 動詞の原形を使います。時制のズレがないパターンです。have nothing to do with 〜は「〜とは関係がない」となります。

3 正解 **He grew up to be a famous scientist.**

grow up to be 〜「成長して〜になる」を使います。不定詞の結果用法と呼ばれ、「大きくなってからの未来の姿」が to 以下に示されます。

Chapter 3 **18講** 演習の問題 ➡ 本冊 P.53

不定詞の用法識別 2

1 ① 時間通りに仕事を終えることが不可能だとわかった。

② 会社が安定したままでいることを確実にできるよう予算の予測に合わせることが必要だ。

2 ① is important for us to communicate with

② found it difficult to study physics

③ is important to preserve the balance

3 ① I was surprised to learn how many plastic bags are used every day.

② I found it hard to read the entire book.

1

① 正解 **時間通りに仕事を終えることが不可能だとわかった。**

形式目的語の構文です。**find O C の第5文型**で型を整えてから、to 以下で詳しい本当の目的語を伝えます。

形式目的語 真目的語

I found it impossible 〈to finish the task on time〉.
S V O C

② 正解 **会社が安定したままでいることを確実にできるよう予算の予測に合わせることが必要だ。**

形式主語の構文です。It is necessary の SVC の第2文型を整えて、to 以下で**詳しい主語**を伝えます。

形式主語 真主語

It is necessary 〈to meet our budget forecast 〜〉.
S V C

なお、in order to + 動詞の原形は「〜するために」の**目的を明確にした使い方**です。

2

① 正解 **is important for us to communicate with**

形式主語の構文です。for + 人は**不定詞の意味上の主語**として使われています。

形式主語 意味上の主語

It is important for us 〈to communicate with 〜〉.
S V C 真主語

② 正解 found it difficult to study physics
形式目的語の構文です。**find O Cの第5文型**を使って、シンプルに文章を作ります。**形式目的語**を置いて、のちにto以下で**真目的語**を持ってきます。

形式目的語 真目的語
She found it difficult 〈to study physics alone〉.
S V O C

③ 正解 is important to preserve the balance
形式主語の構文です。it is importantで形式的な主語を言ってから、本当の主語をto以下で述べます。

形式主語 真主語
～ it is important 〈to preserve the balance ～〉.
S V C

3
① 正解 I was surprised to learn how many plastic bags are used every day.
感情を表すsurprisedの補足説明です。to以下でその感情が浮かんだ根拠を説明します。S(how many＋複数名詞)＋Vの語順は**間接疑問文**の形です。

I was surprised (to learn 〈how many plastic bags are used (every day)〉).
S V C s v M

② 正解 I found it hard to read the entire book.
形式目的語の構文です。find O Cを使います。

形式目的語 真目的語
I found it hard 〈to read the entire book〉.
S V O C

Chapter 3 **19講** 演習の問題 ➡ 本冊P.55

不定詞と動名詞の識別

1 ①㋐ ②㋒
2 ① the port only to find his ship had
② Would you mind closing the window
3 I don't remember meeting the man (who [that, whom]) you told me about.

1
① 正解 ㋐
訳 私は若い頃に何度も同じ間違いをしたことを後悔している。
regret＋Ving「～したのを後悔する」を使います。in my youth「若い頃に」とあるので、過去にしたことだと判断して、過去志向のVingを選びます。

I regret 〈making the same mistake again and again (in my youth)〉.
S V O M

② 正解 ㋒
訳 その郵便物を受け取るために、郵便局に来るときにパスポートを持ってくることを忘れないでください。
forget to＋V「～するのを忘れる」を使います。forgetの直後は、「相手がまだ行っていない行為」についてだと未来志向の〈to＋動詞の原形〉が来ます。特に否定の命令文でforget to＋Vが使われることが多いです。

Don't forget 〈to bring your passport〉 (when you come (to the post office) (to pick up the mail)).
V O s v M

2
① 正解 the port only to find his ship had
文末のonly＋to＋Vは「～しただけだった」という意味になります。直前にtry、rush、hurryなど「頑張ったが」という内容が来て、only toの直後に未来に努力が実らなかったことを示す内容が来ます。

② 正解 Would you mind closing the window
Would you mind＋Ving ～? で「～していただけませんか」です。mindは「～を嫌だと思う」の意味で、直訳は「あなたは私のために窓を閉めることを嫌がるでしょうか」となります。

3 正解 I don't remember meeting the man (who [that, whom]) you told me about.
remember＋Ving「～したのを覚えている」を使います。過去に実際に会った、という事実を覚えていないということなので、過去志向のremember＋Vingで表現します。なお、目的格の関係代名詞は省略して使うのが自然です。

I don't remember 〈meeting the man [you told me (about)]〉.
S V O s v o M

アドバイス

会話問題頻出のWould you mind ～? への返答

会話文には攻略のカギがあります。Would you mind + Ving ～? は「～していただけますか」と訳しますが、「いいですよ」と返事したいときには“yes”と言ってはいけません。動詞のmindは「～を嫌だと思う」という意味なので、直訳すると「～することを嫌だと思いますか」となります。よって、「いいですよ」は“Certainly not.”や“No, not at all.”など、否定の形になっているものになります。

Chapter 3 **20** 講 演習の問題 ➡ 本冊P.57

不定詞と動名詞の意味上の主語

1 ① me to make[give]　② It ／ for ／ to
2 ① careless of you to leave your bag
② getting a glass of water for me
3 ○

1

① 正解 **me to make[give]**
目的語が**不定詞の意味上の主語**になります。〈want O to + 動詞の原形〉「Oに～してほしい」を使います。make a speechやgive a speechは「スピーチをする」の意味です。

② 正解 **It ／ for ／ to**
It is 形容詞 to + 動詞の原形だと「～するのは形容詞だ」という一般論になります。for + 人の意味上の主語を入れることで誰がするのかが明確になります。

アドバイス

不定詞の意味上の主語

It is 形容詞 for 人 to + 動詞の原形「人が～するのは形容詞だ」では、不定詞の直前にfor + 人を置くことによって、「誰がその行動をするのか」を明確にします。他の用法でも意味上の主語は出てきます。
①形容詞的用法「～する」
• Is there anything for vegetarians to eat?
訳 ベジタリアンの人たちが食べられるものは何かありますか。
②副詞的用法「～するために」
• I turned off the light for my children to sleep well.
訳 私は子どもたちがよく眠れるように電気を消した。

2

① 正解 **careless of you to leave your bag**
人の性格／性質を表す形容詞では使う前置詞が変わります。careless、stupid、kindなど、人を判断する形容詞のときはfor + 人ではなくof + 人を使います。

S'　V'
It is careless of you to leave your bag in the bus.
S V　C

このようにof + 人も意味上の主語になります。

② 正解 **getting a glass of water for me**
引っかけ問題です。Would you mind + Ving?「～していただけませんか」を使います。「取ってくる」のは主語のyouなので、意味上の主語は必要ありません。

3 正解 ○

許可を求める会話表現です。mind my Ving「私が～することを嫌だと思う」にnotを伴うと「私が～しても構わない」となり、両者ともOKの意味です。1は「私が窓を開けるのを嫌がらないと言った」→「私が開けても構わないと言った」となります。

s　v
The man said 〈he didn't mind
S　V O

o
my opening the window〉.
s'　v'(主述関係)

訳 男は私が窓を開けても構わないと言った。
2の「窓を開けることは構わないと男性から言われた」と一致しています。

I was told (by the man)
S　V　M

〈that it was okay 〈to open the window〉〉.
O　s　v　c

訳 私は男に窓を開けても構わないと言われた。
このように、mindが「～を嫌がる」の直訳から許可を求める意味に変化していることを押さえておく必要があります。

Chapter 3 **21講** 演習の問題 ➡ 本冊P.59

現在分詞と過去分詞の識別

1 ①ウ ②ウ
2 ① had better have that tooth pulled
② had your hair cut last night
3 ① Don't touch that broken door.
② English is the most widely spoken second language in the world.

1

① 正解 ウ

訳 事故でけがした人々は近くの病院に運ばれた。

現在分詞と過去分詞の識別がポイントです。何か他に原因があるときは過去分詞になります。事故が原因でけがをしたので、ⓤ**injured**が正解です。

② 正解 ウ

訳 会社はプロジェクトを始めることができなかった。地元の住民の90%が新しいホテルの建設に反対だったのだ。

付帯状況のwithがポイントです。with O Cになります。withの後の主語と述語の関係に注目です。

～ with 90 % of the local residents opposing ～.
(90 % of the local residents = S' / O, opposing = V' / C)

能動と受動で識別すると、「90%の地元住民が反対している」とわかります。能動のときは現在分詞を使うので、正解はⓤ**opposing**です。

アドバイス

付帯状況のwithは主述関係をつかむ！

• With the population growing, food shortage has become a serious issue.
(the population = S' / O, growing = V' / C (the population is growing))

訳 人口が増加しているので、食糧不足は深刻な問題になった。

with O CはOとCの間に主語と述語の関係があります。the population＝growingの関係です。主述関係があるのでbe動詞を補うとthe population is growingとなり、「人口が増えている」の関係がわかります。

2

① 正解 had better have that tooth pulled

have O p.p.の識別です。「歯は抜かれる」という関係があります。つまり、他者にされることなので p.p.を使うのです。助動詞のhad betterは脅迫のイメージなので、かなり差し迫った状況とわかります。

② 正解 had your hair cut last night

have O p.p.の識別です。「髪は切られる」という関係があるので、p.p.を使います。

3

① 正解 Don't touch that broken door.

現在分詞と過去分詞の識別がポイントです。「ドアは壊される」という関係なので、p.p.を使います。broken doorは「壊されたドア」→「壊れたドア」の意味です。

② 正解 English is the most widely spoken second language in the world.

能動と受動の識別と**修飾関係がポイント**です。「言語は人によって話される」という関係なので、p.p.を使います。ちなみに、widelyは副詞なので、過去分詞の前において、過去分詞を修飾できます。

Chapter 3 **22講** 演習の問題 ➡ 本冊P.61

感情を表す他動詞の識別

1 ①ウ ②イ
2 ① find it interesting to work with
② was disappointed that there was nothing worth stealing
3 moving

1

① 正解 ウ

訳 休日の前に、子どもたちはいつもわくわくする。

現在分詞と過去分詞の識別問題です。識別では子どもたちが人をわくわくさせているのか、それともさせられているのかを考えます。今回は「休日」という原因があるので、過去分詞を含んだⓤ**get exited**が正解です。

② 正解 イ

訳 そのようなひどい車の事故で誰も亡くならなかったことは驚くべきことだ。

現在分詞と過去分詞の識別問題です。itが形式主語で、that以下が真主語です。物事が主語のときには、それが人を「驚かせる」ことがわかります。それ自体に原因があり、正解は現在分詞の㋑ **amazing**です。

アドバイス

原因がどこにあるのかを確認しよう

Vingとp.p.の識別で重要なのは原因がどこにあるかです。これは識別の基準としてバッチリ使えます。

【by以下が原因】

- I was thrilled by the concert.

訳 私はコンサートにわくわくした。

「by以下によってわくわくさせられた」⇒「わくわくした」と考えます。

【主語が原因】

- The concert was thrilling.

訳 コンサートはわくわくするものだった。

「コンサートが人をわくわくさせる」性質です。

2

① 正解 **find it interesting to work with**

形式目的語と真目的語の構文です。まずはSVOCの形を整えます。OとCの関係を見てみましょう。OとCの間には主語と述語の関係があります。be動詞を補ってみると、使い方がよくわかるのです。

I find it interesting 〈to work with children〉.
(S V O C; S' V')

It is interesting「それが人に興味を持たせている」の関係なので、interestingは現在分詞を使っています。

② 正解 **was disappointed that there was nothing worth stealing**

感情を表す他動詞の過去分詞です。「がっかりした」は「泥棒ががっかりさせられた」関係です。p.p.を使います。

The thief was disappointed 〈that (there) was nothing [worth stealing] there〉.
(S V C / M V S)

3 正解 **moving**

訳 a. 私はその子どもの話にとても感動した。
b. 私はその子どもの話をとても感動的だと思った。

現在分詞と過去分詞の識別問題です。a. はby the child's story「子どもの話によって」と原因があるので、moveは過去分詞のmovedになっています。

一方、b. は目的語にthe child's storyがあります。

I found the child's story (very) moving.
(S V O M C)

OとCの間には主語と述語の関係があります。もしbe動詞を補うとthe child's story is movingとなり、現在分詞を使うとわかります。

Chapter 3 **23講** 演習の問題 ➡ 本冊P.63

分詞の後置修飾のつかみ方

1 ①㋑ ②㋐

2 ① **地方自治体によって経営されるある有名な会社は先月倒産した。**

② **チャールズ・ダーウィンによって展開された自然淘汰による進化論は生物の研究に革命をもたらした。**

3 ① **the person approaching me for my sister and called out loudly**

② **affected by the virus could be cured with a new medicine**

1

① 正解 ㋑

訳 あのレストランで出された食べ物は素晴らしかった。

過去分詞の後置修飾のパターンです。料理はレストランで「出される」ものなので、過去分詞を使います。servedからrestaurantがThe foodを修飾します。

The food [served in that restaurant] was marvelous.
(p.p. V)

② 正解 ㋐

訳 見てよ！　その赤い車を運転している男性はもう少しでその人にぶつけるところだった。

現在分詞の後置修飾のパターンです。「赤い車を運転している」と能動なので、現在分詞のdrivingを使います。drivingからcarがThe manを修飾します。

The man [driving the red car] (almost) hit that person.
(S M V O)

後置修飾は2語以上の語句が名詞に修飾を加えるときに起こることを理解しておくことが重要です。

アドバイス 

日本語と英語の語順

日本語と英語は鏡写しの関係です。「公園で走っている男」はthe man [running in the park]と言います。語順が日本語だと詳細⇒全体になるのに対して、英語だと全体⇒詳細になるわけです。大まかな基準としては2語以上の語句が続くとき、修飾が長くなるので、後ろから修飾します。これを後置修飾と言うのでした。

• The book [written by the famous author] sold (well).
S V M

訳 有名な作家によって書かれた本は実によく売れた。

名詞＋過去分詞＋byの形が来たときは述語動詞が出てくるまで読み進め、カタマリをつかむようにすると正確な文法の活用ができるようになります。

2

① 正解 **地方自治体によって経営されるある有名な会社は先月倒産した。**

過去分詞の後置修飾のパターンです。runからgovernmentまでがA famous companyを修飾しています。

A famous company [run by the local government] went bankrupt (last month).
S V C M

このrunは「一定方向に動かす」⇒「経営する」の意味になったものです。

アドバイス 

自動詞のrunと他動詞のrun

どちらも入試に出たことがあります。自動詞だと「一定方向に動く」⇒「鼻水が出る」です。一方、他動詞だと「仕事を流れるように切り回す」⇒「経営する」の意味で使います。

• Your nose is running.

訳 鼻がたれているよ。

• My father runs his own business.

訳 私の父は自分のビジネスを経営している。

さらに、過去に試験で「血筋として流れている」が出題されたことが何度もあり、これは「一定方向に動いている」イメージがまさに狙われた例です。

② 正解 **チャールズ・ダーウィンによって展開された自然淘汰による進化論は生物の研究に革命をもたらした。**

過去形と過去分詞の識別が重要な問題です。この問題でdevelopedを述語動詞だと思ってしまった人は注意が必要です。この英文ではdevelopedからDarwinまでがThe theory of evolution「進化論」に対する修飾になっています。

The theory of evolution ～ [developed by Charles Darwin] revolutionized the study of living things.
S V O

このように、後置修飾の範囲の特定ができると、英文をスッキリ理解できるようになるのです。なお、述語動詞がrevolutionized「革命をもたらした」であることから、後置修飾の範囲が特定できます。

3

① 正解 **the person approaching me for my sister and called out loudly**

現在分詞の後置修飾です。approaching meがthe personを修飾しています。この構文では熟語も隠されており、後置修飾があるために一瞬見抜きにくいかもしれません。図解すると次のとおりです。

I mistook the person [approaching me] for my sister and called out loudly to her.
V① A B V②

mistake A for Bで「AをBと間違える」の意味です。

② 正解 **affected by the virus could be cured with a new medicine**

過去分詞の後置修飾です。affectedからvirusまでがmore than one million peopleを修飾しています。この英文では最初にThe institute estimatesが来ており、その後にthatの省略されたthat節が目的語になっています。

The institute estimates 〈more than one million people [affected by the virus] could be cured (with a new medicine)〉.
S V O s 後置修飾 v M

that節の述語動詞のcould be curedから、その直前までが形容詞句だと判断できます。なお、このcouldは「その気にならばできるだろう」のニュアンスであり、まだ現実味が少ないことを仮定法過去の助動詞で表しています。cure A with B「AをBで治療する」の受動態はA is cured with Bです。

Chapter 3 24講 演習の問題 ➡ 本冊P.65

分詞構文の識別[1]

1 ①ウ ②ウ
2 ①スマートフォンで本を読むことは環境に優しい。
②彼の行動を見ると、私は彼の誠実さを疑わざるを得ない。
③あなたより年上の誰かの意見に異議申し立てすることは日本では無礼と考えられる。
3 There being no Wi-Fi／couldn't use the online map［map online］

1

① 正解 ウ

分詞構文の基本用法です。接続詞や、主節と共通する主語がカットされます。最後に動詞をVingにして完成です。

② 正解 ウ

こちらは応用的な内容で、**独立分詞構文**です。独立分詞構文では、主節と主語が異なるために主語を残す必要があります。

As all(S) were written(V) in German, this book was ～.

①接続詞を取る
②Sを残す
③Vingにする
↓
All ~~being~~ written ～ → All writtenとなる

このようにp.p.を取るものは受け身のニュアンス「～される」となるので、要チェックです。

2

① 正解 **スマートフォンで本を読むことは環境に優しい。**

分詞構文と動名詞の識別です。動名詞を見抜くためには述語動詞の発見が必要なので、英文の主語と動詞をつけます。すると、Readingの述語動詞isがあるので、これは動名詞になります。「スマートフォンで本を読むこと」と解釈します。

〈Reading books on a smartphone〉(S) is(V) (environmentally)(M) friendly(C).

なお、environmentally friendlyは「環境に優しい」の意味です。environmentallyが副詞で、形容詞のfriendlyを修飾します。

② 正解 **彼の行動を見ると、私は彼の誠実さを疑わざるを得ない。**

分詞構文と動名詞の識別です。分詞構文は副詞句を作ります。述語動詞は取らず、後ろにカンマ(,)とSVの構造が来ます。

(Seeing his behavior)(副詞句：主節の文全体を修飾), I(S) cannot but doubt(V：～せざるを得ない) his sincerity(O).

Ving ～, SV. という形が来るときは、動名詞ではなく分詞構文になります。文頭なので、訳すときには文脈から判断します。「彼の行動を見ると」くらいに訳せばOKです。

③ 正解 **あなたより年上の誰かの意見に異議申し立てすることは日本では無礼と考えられる。**

分詞構文と動名詞の識別です。分詞構文は副詞句を作ります。一方で、動名詞なら述語動詞を伴います。

〈Challenging the opinions of somebody senior to you〉(S) is considered(V) rude(C) (in Japan)(M).

is consideredが動名詞の述語にあたるので、動名詞で解釈すればOKです。なおchallengeという単語は少しトリッキーなので、チェックしておきましょう。

3 正解 **There being no Wi-Fi／couldn't use the online map［map online］**

訳 Wi-Fiがなかったので、私たちはオンラインの〔で〕地図を使えなかった。

独立分詞構文です。これはthereを使ったパターンで難易度の高い物なので、図解してみましょう。

As there was no Wi-Fi, we couldn't ～.
↓
①接続詞を取る
②thereを残す
③beingにする
↓
There being no Wi-Fi, ～.

このように、分詞構文を作るプロセスを理解しておけばOKです。There was no Wi-Fiはthereがあるために、分詞構文の前にthereを残します。本来主語はno Wi-Fiなのですが、情報がより伝わりやすくなるようにthereが前に来る感覚があるようで、分詞構文のbeingの前に置かれるのです。その方がno Wi-Fiの主語が引き立ちます。

Chapter 3 **25講** 演習の問題 ➜本冊P.67

分詞構文の識別②

1 ①ア ②エ
2 ① 太陽が沈んだので、私たちは一晩コテージに滞在することに決めた。
② ハリエットの小説は、英語に訳されなかったので、ほとんどの私のカナダ人の友人に知られていない。
3 ① Being a very influential politician
② no attempt having been made

1

① 正解 ア

訳 時間の1時間前にすべての仕事を終えて、彼は早く帰宅することにした。

時制のズレがあるときの完了分詞構文です。「帰宅を決めた」ときよりも前に「仕事をすべて終わらせた」ことがわかるので、**完了分詞構文**を使います。having + p.p. は主節の時制よりも1つ前のことを伝えるときに使われます。ア**Having finished**が正解です。

② 正解 エ

訳 アパートすべてを掃除して、ロンダはかなり満足していた。

時制のズレがあるときの完了分詞構文です。「かなり満足していた」ときより前に「アパートすべてを掃除した」ことが完了していることを表します。時制のズレがあるので、having + p.p. の形を作るエ**Having**が正解です。

アドバイス

完了分詞構文の時系列を押さえる

過去よりも1つ前の時制を表すときに完了時制の分詞構文を使います。

• Having finished my homework, I decided to take a bath.

訳 私の宿題を終えたので、私は風呂に入ることにした。

時制のズレがあるときは時系列を図解してみるとわかりやすくなります。

Having finished　decided to take a bath
宿題を終えた　風呂に入ることにした
→
大過去　過去　現在

このように、最初のうちは丁寧すぎるくらい時系列を確認するようにしておくと、時制のズレが知識として身についていきます。この時制のズレの概念は不定詞や動名詞においても重要なものです。準動詞の枠組みの中でも図解が役に立ちます。

2

① 正解 **太陽が沈んだので、私たちは一晩コテージに滞在することに決めた。**

独立分詞構文の完了用法です。主語が主節と異なるため The sun を残しています。意味上の主語をつかんでみましょう。「滞在することに決めた」過去よりも「太陽が沈んだ」のが1つ前のことなので完了時制を使っています。

The sun (S') having set (V'), we decided to stay ～.

② 正解 **ハリエットの小説は、英語に訳されなかったので、ほとんどの私のカナダ人の友人に知られていない。**

補足説明になる分詞構文です。名詞の直後に分詞構文が挿入される形をとるため、名詞に対する補足と捉えることができます。

Harriet's novels (S), (not having been translated into English), are unknown (V) (to most of my Canadian friends) (M).

この英文では挿入句として入っている not having been 以下が完了時制の分詞構文になっています。これは図解すると次のとおりです。

翻訳されなかった　知られていない
→
過去　現在

このように、時系列に過去と現在のズレがあるために having + p.p. の形が使われているのです。

3

① **Being a very influential politician**

be動詞を使った分詞構文です。過去分詞の場合には being がカットされていることが普通ですが、直後に名詞が来ているときは being を入れます。

(Being a very influential politician), 副詞句
分詞構文　Cの名詞

he (S) should behave (V) (more thoughtfully) (M).

なお、influential は「影響力のある」という形容詞です。「インフルエンサー」という言葉が最近日本語

でも使われているので、「影響力を与える人」の意味であることは知っている方もいると思いますが、形容詞のinfluentialの方が英語では出くわす機会が多いです。

② 正解 **no attempt having been made**

独立分詞構文の完了用法です。主語が主節と異なるため、no attemptを残しています。この英文はやや複雑なので、きちんと図解していきます。

〜, no attempt (S') having been made (V') [to set up the intermediate steps toward the goal].

このように、主語を残す独立分詞構文だけではなく、完了時制の分詞構文、さらには受動態にもなっており、単元のコラボが3つも起こっています。
まずは時制の確認です。having + p.p.にするときのルールを確認しましょう。

・主節よりも1つ前の時制
→having + p.p.にする

つまり、ここでは書き手が「単純化された」ときよりも「試みがなされなかった」ことが1つ前の時制だと捉えているとわかります。
これを接続詞を使って書くと次のとおりです。

〜, and no attempt (S) had been made (V) 〜.

過去完了の受動態had been p.p.が分詞構文ではhaving been p.p.に変わったことがわかります。さらに詳しく書くと、以下のようになります。

〜 and they (S) had made (V) no attempt (O) [to set up the intermediate steps toward the goal].

この場合のtheyは「プロジェクトを担当している人々」のことですが、動作主をぼかして言うために受動態が使われています。
まとめると、次のようなプロセスで独立分詞構文になっているので、深い理解が必要な問題でした。
①接続詞を取る
②主語が異なるので残す
③時制のズレがあるのでhaving + p.p.にする

Chapter 4 **26講** 演習の問題 → 本冊P.69

制限用法と非制限用法の関係代名詞の識別

1 ①㋑ ②㋒
2 ① **who are suffering from hunger need urgent help**
② **with flowers on her head is the one I**
3 ① **May is a student who[that] got a full score on the[that] test.**
② **I have three daughters, who are (all) married.**

1

① 正解 ㋑

訳 その小説は、2001年に最初に出版されたのだが、11刷だ。

主格の関係代名詞のwhichです。先行詞がThe novelで、かつ空所以下に主語が欠けているので、主格の関係代名詞のwhichを使います。非制限用法の関係代名詞が挿入で使われると、名詞の補足説明になります。

The novel (S), [which (s') was (v) (first) (M) published (p.p.) (in 2001) (M)], is (V) (in its 11th printing) (M).

② 正解 ㋒

訳 6月25日にエリックに会う約束があるが、その日は私が思うに彼の誕生日だ。

主格の関係代名詞のwhichです。先行詞がJune 25thなので、一見するとwhenと思われがちですが、先行詞が物でかつ節の中で主語の役割をするものなので、正解はwhichになります。

I (S) have (V) an appointment (O) [to see Eric] (on June 25th) (M), [which (s') I believe is (v) his birthday (c)].

アドバイス

非制限用法は補足説明に極めて便利

非制限用法は固有名詞にも補足説明ができます。長文でも人物の説明として使われ、要チェックです。

• Mr. Benedict, who owns a casino in the Las Vegas, talked to me at the party.
訳 ベネディクト氏は、ラスベガスのカジノを所有しているのだが、パーティで私に話しかけてきた。

2

① 正解 **who are suffering from hunger need urgent help**

those who「〜する人々」を使います。これはthose people whoのpeopleが省略されたものです。

Those [who are suffering 〜] need urgent help.
S V O

② 正解 **with flowers on her head is the one I**

文の構造がやや複雑です。図解してみましょう。

The girl [with flowers on her head] is
S V
the one [I talked to ∅ (this morning)].
C M

I talked toにOが欠けているので、これは目的格の関係代名詞の省略が起こっています。

3

① 正解 **May is a student who[that] got a full score on the[that] test.**

制限用法の関係代名詞whoです。「満点を取った生徒」と絞り込んでいます。これにより「満点を取っていない生徒もいる」のがわかります。

May is a student [who got a full score
S V C s' v o
(on the test)].
M

② 正解 **I have three daughters, who are (all) married.**

非制限用法の関係代名詞whoです。カンマがつくと、この書き手には娘が確実に3人だけであり、その3人とも結婚しているということがわかります。

I have three daughters, [who are married].
S V O s' v c

Chapter 4 **27講** 演習の問題 ➡ 本冊P.71

名詞節の関係代名詞

1 ①ウ ②エ
2 ① what he is to what he was
② Let her do what she likes
3 ① It is important to understand what is going on in the world.
② What you say is different from what you do.

1

① 正解 ウ

訳 大学院で勉強するときに私にとって難しいことは長期間に渡って1つの問題に集中することだ。

関係代名詞のwhatを使います。接続詞のthatとwhatの識別は重要です。thatの場合、完全文が続き、whatならば不完全文が後ろに来ます。what is difficultは「難しいこと」という意味です。

〈What is difficult (for me) (in studying) (at
S s v c
graduate school)〉 is 〈concentrating on one
V C
problem (for a long time)〉.

② 正解 エ

訳 ショーで私に最も感銘を与えたことは小さな子どもたちによる演技だった。

関係代名詞のwhatを使います。後ろが不完全文なのでthatではなくwhatになります。なお、what impressed me mostで「私に最も感銘を与えたこと」です。

〈What impressed me (most) (at the show)〉 was
S s v o V
the performance [by small children].
C

アドバイス

自分の伝えたいことを伝えるwhat節

what節を用いた名言として、Peter F. Drucker (1909-2005)という経営者がこんな言葉を残しています。

• Find out what you are really good at.
訳 本当に得意なことを見つけなさい。

whatは入試でもここぞという場面で筆者が対比し

たり、主張のアクセントとして使ったりします。ぜひ、what節にアンテナを立てておきましょう。

2

① 正解 **what he is to what he was**

what節の対比のパターンです。prefer A to B「BよりAを好む」のAとBにwhat節を対比させる形です。なお、what he isは「今の彼」で、what he wasは「昔の彼」となる点も押さえておきましょう。

I prefer 〈what he is〉 (to 〈what he was〉).
S V O c s v M c s v

② 正解 **Let her do what she likes**

doの目的語にwhat節を用いるパターンです。let O 原形で「Oに原形させてあげる」となります。what she likesで「彼女が好きなこと」の意味です。

Let her do 〈what she likes〉.
V O C o s v

3

① 正解 **It is important to understand what is going on in the world.**

関係代名詞のwhatをアクセントに使います。「世界情勢」はworld affairですが、やわらかく言うとwhat is going on in the worldになります。

形式S 真S
It is important 〈to understand 〈what is going on
S V C s v
(in the world)〉〉.

② 正解 **What you say is different from what you do.**

関係代名詞のwhatをアクセントに使います。「発言」はremarkという単語もありますが、what you sayとすると自然です。また、対比として「行動」もwhat you doとすることで英文がスッキリまとまります。このように「発言」や「行動」などの二字熟語を節に変換することによって、文体も整うのです。

〈What you say〉 is different (from 〈what you do〉).
S o s v V C M o s v

Chapter 4 **28**講 演習の問題 →本冊P.73

複合関係詞節

1 ①ア ②エ
2 ① **order whatever you want to eat**
② **whoever wants to join**
③ **However much time you spend preparing**
3 **However busy she is, she never forgets to eat breakfast every morning.**

1

① 正解 ア

訳 たとえどんなに遠く離れていたとしても、私たちは常にオンラインで話すことができる。

語順がポイントです。However副詞 SVの語順で、直後にfar awayという副詞句を伴います。-everのつく複合関係詞の中で、直後に副詞を引っ張ってくる性質を持つのはhoweverのみです。

(However far away you may be),
M M s v
we can (always) talk (online).
S V M

② 正解 エ

訳 今晩ここにいる人は誰でも社長に会う機会があります。

名詞節を作るwhoeverを使います。名詞節のwhoeverは「〜する人は誰でも」の意味になります。

〈Whoever is (here) (this evening)〉 will have
S s v M M V
a chance [to meet the president].
O

アドバイス 

複合関係詞節の言い換え表現

However 形容詞／副詞 SVはNo matter how 形容詞／副詞 SVに書き換えることができます。書き換えるときにはeverはつかないので、要注意です。

- However hard you try, you cannot beat him.

訳 たとえどんなに頑張っても、あなたは彼に勝てない。

= No matter how hard you try, you cannot beat him.

2

① 正解 **order whatever you want to eat**

訳 今日は私のおごりです。食べたり飲んだりしたいものは何でも注文していいですよ。

whatever「～するものは何でも」の名詞節のパターンです。他動詞のorderに対する目的語として使っています。カタマリをつかんでみましょう。

You can order 〈whatever you want to eat or drink〉.

S V O o s v

② 正解 **whoever wants to join**

訳 明日の11時に公園でバーベキューパーティーをする予定ですので、参加したい人は誰でも歓迎します。

カタマリがポイントです。isの直前なので、whoeverは主語の役割をする名詞節を作ります。

～, and 〈whoever wants to join〉 is welcome.

S s v V C

③ 正解 **However much time you spend preparing**

訳 どれだけ準備に時間をかけても、発表では緊張するでしょう。

語順がポイントです。howeverがmuchという形容詞を前に引っ張ってくる性質を持っているため、それにつく名詞のtimeも一緒に前に移動します。

(However much time you spend preparing), you will be nervous (at the presentation).

M o s v Ving S V C M

3 正解 **However busy she is, she never forgets to eat breakfast every morning.**

語順がポイントです。However形容詞 SVの語順で使うパターンなので、busyをhoweverの直後に持ってきます。

(However busy she is), she (never) forgets 〈to eat breakfast (every morning)〉.

M c s v S V O

Chapter 4 **29講** 演習の問題 ➡ 本冊P.75

関係代名詞と関係副詞の識別

1 ①エ ②イ
2 ① the book that／interested me in
② when there were no
3 Please understand that there may be cases where this rule does not apply.

1

① 正解 エ

訳 リヴァプールはイングランドの北西部にあるが、ビートルズの故郷として有名だ。

非制限用法の関係代名詞です。固有名詞に対して補足説明を加えています。場所だからwhereと決めつけるのではなく、isの直前に主語を入れることから主格の関係代名詞whichと判断します。

Liverpool, [which is (in the northwest of England)], is famous 〈as the hometown of the Beatles〉.

S s' v M V C M

② 正解 イ

訳 FIFAワールドカップで映像補助による判定システムが使用された。そのシステムが使われる4つの状況がある。

関係副詞whereを使います。後ろが完全文でかつ、先行詞がsituationsになるときに、whereが使えます。これは「場所」というよりも、「状況」の直後の説明を「その中において」と表すときに使われるものです。

(There) are four situations [where it can be used].

M V S s v

アドバイス 

最初に手抜きをすると後で苦労する関係副詞

場所イコールwhereとすぐに考える生徒が毎年続出します。しかし、ルールを理解しないと後で苦労するのです。以下の例は後ろが不完全文なのでthatを使います。visitの目的語が欠けており、関係代名詞が適切です。

• This is the museum that I visited last week.

先行詞 S V

訳 これは私が先週訪れた美術館です。

2

① 正解 **the book that／interested me in**

主格の関係代名詞です。先行詞がthe bookで、関係代名詞はthatを使います。firstが副詞であり、interestedが動詞であることに気づけたかがポイントです。

This is the book [that (first) interested me

S V C s' v o

(in English literature)].

② 正解 **when there were no**

関係副詞のwhenがポイントです。先行詞がtimeでかつ後ろが完全文になっています。なお、thereを使った構文なので、以下の語順に注意です。

Do you remember the time [when (there) were no smartphones]?
S V O M v s

3 正解 **Please understand that there may be cases where this rule does not apply.**

最初に命令文を使います。先行詞は「場合」なのでcasesが来ます。直後には関係副詞を用いて完全文を作ります。applyは自動詞で、文がそこで終わることが可能です。つまり、関係副詞と使えます。

Please understand 〈that (there) may be cases [where this rule does not apply]〉.
V O M v s s v

Chapter 4 **30**講 演習の問題 ➡ 本冊P.77

強調構文

1 ㋑
2 ① 子どもたちがすることではなく、なぜそれをするのかこそが子どもたちを理解するのに重要だと思う。
② 価格ではなく、サービスの質こそが重要なのだ。
3 ① not until you get sick that you realize the value
② was only after I graduated from university that

1 正解 ㋑

訳 1912年にタイタニック号は初の航海で沈んだ。

副詞句の強調をし、in 1912を際立たせています。that節以降は完全文です。

It was [in 1912] that the *Titanic* sank (during the first voyage).
M S V M

アドバイス

強調構文は節の強調が砦

強調構文の中でも最も難度が高いのは節の強調です。

- It was not until I lost my health that I realized how important it is to stay fit.
S V

この文では節に接続詞や疑問詞がついているので、そこから見抜くことができます。

直訳 私が健康を保つことがいかに大切か気づいたことは健康を失うまではなかった。

意訳 健康を失ってはじめて私は健康を保つことがいかに大切かわかった。

2

① 正解 **子どもたちがすることではなく、なぜそれをするのかこそが子どもたちを理解するのに重要だと思う。**

対比構造の強調構文です。not A but B「AではなくB」の主張が強調されています。whatとwhyの2つの名詞節の対比です。

I believe 〈that it is not [what children do] but [why they do it] that is essential (for understanding them)〉.
S V O s(A) s(B) v c M

② 正解 **価格ではなく、サービスの質こそが重要なのだ。**

対比構造の強調構文です。価格とサービスの質が対比され、that節の直後に動詞mattersが来ます。

It is not [the cost] but [the quality of the service] that matters.
S(A) S(B) V

3

① 正解 **not until you get sick that you realize the value**

副詞節の強調です。untilは接続詞で、SV構造が続きます。not until ～「～までずっと…しなかった」→「～してはじめて…した」となります。

It is [not until you get sick] that you realize the value of good health.
M s v c S V O

② 正解 **was only after I graduated from university that**

与えられた日本語が「～したのは…してからだった」になっていますので、副詞節の強調です。afterは接続詞で、後ろにSV構造を取っています。

It was [only after I graduated from university] that
M s v

I found 〈how important time management is〉.
S V O c s v

Chapter 5 **31**講 演習の問題 ➡ 本冊P.79

現在形と進行形の識別

1 ①㋐ ②㋑
2 ① **空いている時間は何をしますか。**
② **人々は苦しんでいます。人々は死にかけています。生態系全体が崩壊しつつあるのです。**
3 ㋓

1

① 正解 ㋐

訳 近頃、冬によくスノーボードをしに行く。

普段の習慣は現在形です。nowadays「近頃」と、頻度を表す副詞であるoften「しばしば」に着目すると、最近の習慣を表していることがわかります。

② 正解 ㋑

訳 この古い松の木は汚染により枯れかけている。

進行形はある行為が継続していて途中であることを表しますが、dieという動詞は瞬間的に完結する行為です。その場合「～しかけている」というように途中であることが訳に反映されます。

アドバイス

進行形の一時性

動詞には**状態動詞**と**動作動詞**があり、このうち原則動作動詞しか進行形になりません。
ただし、状態動詞で一時性を強調するときも進行形にすることができます。僕の知り合いのイギリス人の先生がこのように言っていました。

• My daughter is living in Yokohama.

訳 私の娘は今横浜に住んでいます。

この時は1～2年くらいの期間を指していたのですが、留学生として一時的に暮らしているときにも進行形が使えるようです。

2

① 正解 **空いている時間は何をしますか。**

動作動詞の現在時制は、**現在の習慣**や**反復的行為**を表します。in your free timeは「空いている時間に」という意味で、普段の習慣を表す現在形と相性のよい語句です。

② 正解 **人々は苦しんでいます。人々は死にかけています。生態系全体が崩壊しつつあるのです。**

進行形は基本的にある行為が継続している**途中**であることを表します。be dyingは「死にかけている」と訳を工夫します。同様にbe collapsingもcollapseが瞬間的に完結する出来事なので「崩壊しつつある」とします。

3 正解 ㋓

訳 A：この近くで働いています。
B：本当？　職業は何ですか。
A：ああ、高校の教員です。

What do you do? は**趣味や普段の習慣を尋ねる文**です。問題の会話の文脈では、その質問の前にI work close to here. という発言があり、「職業は何ですか」という意味になります。

Chapter 5 **32**講 演習の問題 ➡ 本冊P.81

過去形と現在完了の識別

1 ①㋒ ②㋑
2 ① **the best decision that I have ever made**
② **has been ten years since my elder sister**
3 ① **I have never seen such a beautiful picture.[This is the most beautiful picture that I have ever seen.]**
② **My (elder) sister has never been to Spain, but she can speak Spanish.**

1

① 正解 ㋒

訳 私は10年前その国を訪れた。

過去の1点がポイントです。ten years agoという語句は過去の1点を示すので、過去形になります。

② 正解 ㋑

訳 この会社に勤め始めて6年が経つ。

〈年月 have[has] passed since S＋過去形〉は「～

以来…経つ」の意味です。six yearsは複数なのでhaveになります。このsinceは接続詞なので、後ろにはSVが続きます。なおsinceは後ろに過去を表す基準点が示されます。

Six years have passed (since I started ⟨working for this company⟩).
S V s v o

2

① 正解 **the best decision that I have ever made**
現在完了の経験用法です。everは「今まで」という意味で経験用法と相性がよいです。関係代名詞によって先行詞と現在完了の表現を含む語句が結ばれています。

It was the best decision [that I have (ever) made].
S V C o' s v

② 正解 **has been ten years since my elder sister**
⟨It has been 年月 since S＋過去形⟩は「〜以来…経つ」の意味です。このitは漠然と時を表します。

3

① 正解 **I have never seen such a beautiful picture.**
現在完了の経験用法です。suchは強調語となっています。such a beautiful pictureのように⟨such a 形容詞＋名詞⟩という順序になります。
別解として、**This is the most beautiful picture that I have ever seen.** も可能です。

I have (never) seen such a beautiful picture.
S V O

≒

This is the most beautiful picture [that I have (ever) seen].
S V C o' s v

② 正解 **My (elder) sister has never been to Spain, but she can speak Spanish.**
現在完了の経験用法です。「〜に行ったことがある」という文は、have gone to 〜ではなくhave been to 〜となります。通常have gone to 〜の場合完了・結果用法になり、「〜に行ってしまった(今ここにいない)」の意味です。なお、neverは経験用法と相性がよいです。「姉」を表すときは英語で「年が上の」と考えてelderを使いますが、実際にはmy sisterだけでもOKです。

My elder sister has (never) been (to Spain),
S V M

but she can speak Spanish.
S V O

Chapter 5 **33講** 演習の問題 → 本冊P.83

現在完了と現在完了進行形の識別

1 ①㋓ ②㋑
2 ① **haven't been working out the last few days**
② **you decided what you will do after**
3 ① **I have been teaching for more than fifteen years.**
② **He has been studying English as a second language.**

1

① 正解 ㋓
訳 どのくらいバスを待ち続けているのですか。
現在完了進行形の文で、How long have you been Ving?「(今まで)どのくらいの期間〜し続けていますか」を使います。how longは「どのくらいの期間」で、how oftenは「どのくらい頻繁に」の意味です。

② 正解 ㋑
訳 最近ジョンに会いましたか。
現在完了の文です。「最近〜しましたか」という文なので副詞のlately「最近」を使います。lastlyは順番に関して「最後に」と言うときに使う副詞です。

アドバイス

「最近」を表す副詞は英作文の武器になる！

「最近」という意味の副詞は英語にいくつかありますが、一緒に使われる時制が異なります。英作文で間違わないように覚えておきましょう。
- recently…過去形、現在完了の文で使います。
- lately…主に現在完了の文で使います。
- these days…現在形などの文で使います。
- nowadays…現在形などの文で使います。
- She **has been studying** really hard **lately** for her final exams.

訳 彼女は**最近**、期末試験のために本当に一生懸命**勉強している**。
latelyは副詞で、現在完了と相性がいいです。この例文では現在完了進行形で「最近ずっと本当に懸命に勉強し続けています」という意味になります。
- She **has recently moved** to a new city and **started** a new job.

訳 彼女は最近新しい街に引っ越し、新しい仕事を始めた。
この例文ではrecentlyを使っており、この表現は現在完了で使われることが多いです。

2

① 正解 **haven't been working out the last few days**
現在完了進行形の否定文 have not been Ving「(今まで)ずっと～していない」を使います。work out「運動する」は動作動詞なので、継続用法「ずっと～している」を表すときには現在完了進行形にします。

② 正解 **you decided what you will do after**
現在完了を使います。「もう～しましたか」という文なので、現在完了進行形ではなく現在完了です。用法としては完了用法になります。

3

① 正解 **I have been teaching for more than fifteen years.**
現在完了進行形の have been Ving「(今まで)ずっと～している」を使います。「15年以上」は期間なのでforで表します。このように「教員歴＝教歴」を伝えるときにも現在完了進行形を使うのです。

② 正解 **He has been studying English as a second language.**
現在完了進行形の have been Ving「(今まで)ずっと～している」を使います。studyは「机に向かって勉強する」で、learnは「身につける」の意味です。

Chapter 5 **34講** 演習の問題 ➔ 本冊P.85

過去形と過去完了の識別

1 ①㋑ ②㋓
2 ① her hometown different from what it had been
② only to find that the plane had taken
3 ① He had already left for Paris when I arrived at the airport.
② My boyfriend showed me pictures that he had taken in Paris.

1

① 正解 ㋑
訳 スティーブがすでにそのDVDを返したので、私にはするべきことが何も残されていない。
時系列の把握問題です。直前に過去完了の had already returned があり、空所はそれよりも後のことなので過去形でOKです。㋐を選んだ人もいるかもしれませんが、これは過去完了の形になってしまい、文脈に合わなくなってしまいます。

Steve (S) had (already) returned (had + p.p.) the DVD (O), [so] I (S) had (V) nothing (O) [left to do].

② 正解 ㋓
訳 X：ああ、リサがこの電車に乗っていない。誰かリサから何か聞いた？
Y：彼女は電話で、彼女が駅に着く直前に電車が行ってしまったと言っていました。
過去完了を使います。主節が過去完了になり、直後のbefore節が過去の基準点となるのは頻出です。

She (S) called (V①) [and] said (V②) 〈the train (s) had left (had + p.p.) ([just before] she (s) arrived (v) (at the station) (M))〉.

アドバイス

「～前に」は ago？ before？

「～前に」と言うときにagoとbeforeを使い分ける必要があります。agoは「現在から見て～前に」で、beforeは「過去の基準点から見て～前に」です。よってbeforeは過去完了と相性がよいです。

- He said the train **had left** ten minutes **before**.

訳 彼は、電車は10分**前に出た**と言っていました。

2

① 正解 **her hometown different from what it had been**
what節の中に**過去完了**を使って、**大過去**を表します。what it wasで「昔の状態」を表しますが、ここではNancy foundという過去の基準点よりも過去のことなので1つ前の時制にします。what it wasを過去よりも1つ前の時制の過去完了にするので、what it had beenとなります。

② 正解 **only to find that the plane had taken**
take off「離陸する」は過去完了にします。the man wentの時を**過去の基準点**として、それよりも1つ前の時制にします。〈only to＋動詞の原形〉は不定詞の結果用法と呼ばれるものです。「～したけど、

その結果として〜だった」の意味になります。後ろにはマイナスの情報が来るのが普通です。

3

① 正解 **He had already left for Paris when I arrived at the airport.**

過去完了 had already left を使います。arrived「着いた」時点よりも1つ前の過去に「発っていた」ので、過去完了にします。

He had (already) left (for Paris) (when I arrived (at the airport)).
S had + p.p. M s v M

② 正解 **My boyfriend showed me pictures that he had taken in Paris.**

過去完了 の had taken を使います。My boyfriend showed「私の彼氏が見せてくれた」時点よりも1つ前の過去に「撮った」ので、過去完了にします。

My boyfriend showed me pictures [that he had taken (in Paris)].
S V O1 O2 o' s had + p.p. M

Chapter 5 **35講** 演習の問題 ➡ 本冊P.87

未来完了の用法識別

1 ①㋑ ②㋓
2 ① **I visit Paris again, I will have been there four times**
② **will have arrived at the station by the time**
3 ㋑

1

① 正解 ㋑

訳 あなたが戻ってくる頃までには私は宿題を終えていることだろう。

未来完了の完了用法です。基準点は未来で、by the time 以下で表されています。時を表す by the time で始まる副詞節は、たとえ未来のことでも will ではなく、動詞の現在形を使うので、㋑ **come** が正解になります。「時や条件を表す副詞節の中では未来のことでも現在形で表す」というルールです。

I will have finished my homework (by the time you come (back)).
S V O s v M

② 正解 ㋓

訳 あなたが音楽ホールに到着するまでにチャリティコンサートが始まるのではと不安だ。

未来完了の完了用法です。by the time は「〜するときまでに」の意味で、この副詞節は「時や条件の副詞節」のため、未来のことを現在形 get で表しています。主節は未来完了で「〜が始まってしまっているだろう」の未来完了の完了用法で、㋓ **will have begun** が正解になります。なお、文頭に I'm afraid が来るとマイナスの内容の予告で使われます。

〜 the charity concert will have begun (by the time you get (to the music hall)).
S V s v M

アドバイス

時系列を図解する

時制の問題は、複数の出来事が登場するので、複雑になりがちです。そこで**問題中の出来事を時系列順に図解してみる**ことをおすすめします。

- By the time this letter reaches you, I will have left the country.

この時系列を図解すると、以下のようになります。

現在 ➡ 手紙到着 by the time
どこかの時点で国を去る will have left

訳 この手紙があなたの手元につく頃までには、私は国を去っていることだろう。

2

① 正解 **I visit Paris again, I will have been there four times**

未来完了の経験用法です。「未来のある時点で〜したことになる」という意味になります。基準点は未来です。経験用法は通常 four times のように回数を表す副詞句が一緒に使われます。

② 正解 **will have arrived at the station by the time**

未来完了の完了用法です。未来完了の完了用法は「未来のある時点までに〜してしまっている」という意味になります。by the time SV は「S が V する頃までには」の意味で、この英文はそこまでに「駅に着いている」という行為が完了していることを表します。

3 正解 ㋑

訳 あなたが手伝いに来てくれる頃までには荷造りを終えていることだろう。

未来完了の完了用法です。問題となるのはby the timeとuntilの識別です。untilが主節の動作や状態がその時点まで継続していることを示すのに対して、by the timeは主節の動作や状態がその時点においてすでに完了していることを示すという違いがあります。「あなたが手伝いに来てくれる頃までには荷造りを終えている」という英文が正しく成り立っている㋑が正解です。

I (S) will have finished (V) packing (O)

(by the time you (s) come (v) (to help me) (M)).

Chapter 5 36講 演習の問題 ➡ 本冊P.89

時制のまとめ

1 ①㋑ ②㋒

2 ① had been waiting for an hour when the bus finally came

② will have been working at the bank for twenty years

3 has not been translated into Japanese yet

1

① 正解 ㋑

訳「あなたは私をまだ覚えていますか？」「はい、もちろんです。」

正解は現在形です。現在形は「基本的にはいつもそう」を表す時制です。rememberは一時的なことではなく、普段からその状態であることを表します。

② 正解 ㋒

訳 超高齢化社会のせいで、高齢者の患者の数が増えている。

主述関係のチェックがポイントです。単数のthe numberが主語なので、be動詞はそれに合わせisです。進行形は「～の最中」を表します。

～, the number of elderly patients (S) is increasing (V).

アドバイス

進行形の表す内容

進行形は完全にそうはなっていないけれど、**「今そこに向かっている途中」**を表すこともできます。

• The plants and animals are dying in the desert.

訳 植物と動物が砂漠で死にかけている。

このあたりの感覚はまさに英語を使うときに肝になりますので、しっかりと理解を深めておきましょう。

2

① 正解 **had been waiting for an hour when the bus finally came**

過去完了進行形です。過去の基準点が「バスがやってきたとき」なので、その**1時間前から基準点までの継続を強調**しています。

② 正解 **will have been working at the bank for twenty years**

未来完了進行形です。未来の基準点までの継続を表します。will have been Vingは「未来においてずっと～し続けているだろう」の意味です。for＋期間と相性がよく、継続用法とわかります。

3 正解 **has not been translated into Japanese yet**

現在完了受動態です。受動的で「～されている」と言うときにはbe動詞＋p.p.の要素を加えます。have been p.p.は「～されている（そして今に至る）」の意味です。今回は「まだ」という言葉があるので、完了用法により「まだ完了していない」ことを表すのだとわかります。not ～ yetは「まだ～ない」の意味です。

Chapter 6 **37講** 演習の問題 ➡ 本冊P.91

助動詞の識別

1 ①㋒ ②㋒
2 ① 私がどんなに一生懸命頑張っても、ドアはどうしても開かなかった。
② やり方の違いのせいで科学とビジネスの間の衝突が起こるかもしれない。
3 I should do something beneficial [good] for people and society.

1

① 正解 ㋒

訳 元号（日本の時代の名前）を決めるときは、いくつかの必須事項がある。まず、2つの漢字から成らないといけない。

助動詞の選択問題です。㋐はitに合わせてhas toにしないと使えません。正解は〈must＋動詞の原形〉が成立し、意味も適切な㋒です。

② 正解 ㋒

訳 私の母はいつも、食事の後すぐに泳ぐべきではないと私に言っている。

助動詞と一般動詞の識別です。㋑と㋓は文法的に誤りになります。母親の発言の中身は「意見」になるので、習慣のdon'tではなく、意見の㋒ **shouldn't**「～すべきでない」の方が最適です。

アドバイス

wouldの重要な知識2選

wouldは**Chapter 7**で学ぶ仮定法での登場が多いです。しかし、① 過去の懐古的用法「よく～したものだ」② 過去の文脈の否定文「どうしても～しなかった」でも頻出です。

- 懐古的用法　I would often go shopping with my sister.

訳 私は姉とよく買い物に行ったものだ。

- 過去の強い意志　The door wouldn't open.

訳 どうしてもドアが開かなかった。

2

① 正解 **私がどんなに一生懸命頑張っても、ドアはどうしても開かなかった。**

過去の強い意志を表すwouldn'tです。この用法は特殊ですが、入試でよく狙われます。「どうしても～しなかった」の意味です。

② 正解 **やり方の違いのせいで科学とビジネスの間の衝突が起こるかもしれない。**

mayを使った推量です。書き手の推測なので「～かもしれない」の意味になります。

Conflicts (S) [between science and business] may (V) occur (due to their differing methods) (M).

3

正解 **I should do something beneficial [good] for people and society.**

話者の意見を伝える助動詞です。「～すべきだ」はシンプルにshouldを使います。「何かよいことをする」は後置修飾でdo something [beneficial]がおススメですが、do something [good]としてもOKです。ちなみに、よくある質問に「beneficial somethingはダメですか」というものがありますが、somethingは形容詞を後ろに伴うのでsomething beneficialとする必要があります。

Chapter 6 **38講** 演習の問題 ➡ 本冊P.93

助動詞の言い換え

1 ①㋒ ②㋑
2 ① 人生で本当にしたいことを見つけられるのを私は望んでいる。
② さまざまな可能性をいくつか試せば、おそらく最良の方法を選ぶことができるだろう。
3 ㋒

1

① 正解 ㋒

訳 深刻な場合でない限り救急車を呼んではいけない。

must notは強い禁止です。unlessは条件を表す接続詞で「～しない限りは」の意味になります。unless自体が否定語なので、後ろには肯定文が続きます。

② 正解 ㋑

訳 あなたのメールを読んで、もしかしたらあなたを助けられるかもしれないと考えた。

可能性・推量を表すmightと、能力を表すbe able toが併用されています。助動詞は2つ同時に使うことはできないので、be able to＋動詞の原形が用いられます。

アドバイス

言い換え表現の客観性

be going toやhave toなどの助動詞の言い換え表現に共通するのは客観性です。be going to＋動詞の原形は「(すでに)未来に向かって進行中」⇒「(確定的に)〜する予定だ」となります。また、have to＋動詞の原形は「(他者からの圧力で)〜しなくてはいけない)となります。このように言い換え表現は助動詞に比べて第三者の目や何かしらの根拠があるケースが多いです。

- He has to do his homework.

訳 彼は宿題をしなくてはいけない。

これは先生や周囲の期待など第三者からの圧力がある表現だとわかります。

2

① 正解 **人生で本当にしたいことを見つけられるのを私は望んでいる。**

助動詞を2つ同時に使うことはできないのでwill be able to「〜することができるようになるだろう」という表現が使われています。figure outは「〜を見つけ出す」という意味で、what節を目的語に取っています。

I'm hoping 〈that I will be able to figure out
S V O s v

〈what I really want to do with my life〉〉.
o

② 正解 **さまざまな可能性をいくつか試せば、おそらく最良の方法を選ぶことができるだろう。**

助動詞と併用する言い換え表現です。will とbe able toが併用されたwill be able to＋動詞の原形で、「〜することができるようになるだろう」となります。

(After a few experiments [with the various
M

possibilities]), you (probably)
S M

will be able to select the best way.
V O

3 正解 ㋒

訳 A: 調子はどうだい、ボブ？
B: 素晴らしいよ。妹に会いに行く予定なんだ。

会話問題です。"How's it going?" は近況を尋ねるときによく使われます。How are you? のバリエーションのような口語表現です。問題の場面では "Great." と端的に答えた上で、**より詳しい近況報告**が続きます。後ろには否定的な内容が入るとは考えられず、㋑と㋓は除外できます。また、㋐は「病院に行く途中」となるので、こちらも当てはまりません。正解は、㋒ **I'm going to see my little sister.** です。be going toは前から決めていた予定を表します。

Chapter 6 **39講** 演習の問題 ➡ 本冊P.95

助動詞＋have＋p.p.の識別

1 ①㋑ ②㋒
2 ① **Something dreadful may have happened**
② **should not have spoken so fast**
3 ㋒

1

① 正解 ㋑

訳 彼はマスターキーを持っていたので、その建物に入るのは簡単だったに違いない。

must have p.p.は「〜したに違いない」の意味です。「彼はマスターキーを持っていた」という明確な根拠があるので、強い確信度合いの推量が合います。

助動詞＋have＋p.p. s' v'
It must have been easy 〈for him to enter the
S V C

building〉 (because he had the master key).
s v o

② 正解 ㋒

訳 私の手袋がどこにも見当たらなかった。タクシーに置き忘れたのかもしれない。

may have p.p.は「〜したかもしれない」の意味です。「どこにも見当たらない」から、話者の推量を表します。弱い確信度合いの推量を使います。

My gloves were (nowhere) (to be found).
S V M M

I may have left them (in the taxi).
S V O M

アドバイス

助動詞＋have＋p.p.の発音

音声面でもこれらの文法事項は重要です。次のようなものはリスニングでも頻出です。

• should have done ⇒シュッダヴダン
• must have done ⇒マスタヴダン

このときにhの音が抜けて、前後の単語が連結します。例文を音読するときには音のルールも意識して勉強してみてください。文法は音のルールと共に深めることで、さらなる実力をつけることができます。

2

① 正解 **Something dreadful may have happened**
may have p.p. は「〜したかもしれない」という意味です。過去に対する現在の弱い推量を表します。something に形容詞をつける場合、後置修飾(後ろから形容詞が名詞を修飾する形)にします。

② 正解 **should not have spoken so fast**
should not have p.p. は「〜すべきではなかったのに」の意味になります。過去にしたことに対する現在の非難や後悔を表します。

3 正解 ㋒
can't have p.p. は「〜したはずがない」の意味です。過去に対する現在の確信ある否定の推量を表します。can't have p.p.「〜したはずがない」は must have p.p.「〜したに違いない」の否定形です。セットで覚えておきましょう。

助動詞＋have＋p.p.
Sally can't have been (in London) (last week);
S V M M
she doesn't have a passport.
S V O

Chapter 7 **40講** 演習の問題 ➡ 本冊P.97

if節のない仮定法

1 ①㋒ ②㋓
2 ①**もう少し忍耐強ければ、トムはずば抜けたアスリートになっているだろう。**
②**彼女がフランス語を話しているのを聞けば、エリーはフランスに住んでいたと思うでしょう。**
3 **A secret organization would never**

1

① 正解 ㋒
訳 もう少し彼らから気にかけてもらえたら、彼は失敗しなかったであろう。
条件の代用表現with「〜があったら」を使います。would not have p.p. から**仮定法過去完了**だとわかります。選択肢㋐は直説法なので不正解です。

(With a little more care from them),
M
he would not have failed.
S V would not have p.p.

② 正解 ㋓
訳 コンピュータグラフィックスがなかったら、1990年代にそれほど想像力にあふれる映画を生み出すことのできる映画監督はいなかっただろう。
仮定法過去完了です。without「〜がなかったら」が条件の代用になり、過去の事実とは異なる内容になるので、仮定法過去完了になる㋓が正解です。

(Without computer graphics), no director could
M S
have made movies (so imaginatively)
V O M
(in the 1990s).
M

アドバイス

頻出の「〜がなければ／なかったら」表現

if節のところに代入される「〜がなければ／なかったら」の表現は4種類あります。

両方OK	仮定法過去	仮定法過去完了
without 〜 but for 〜	if it were not for 〜 were it not for 〜 (倒置ver.)	if it had not been for 〜 had it not been for 〜 (倒置ver.)

特に if it were not for 〜と if it had not been for 〜は、倒置バージョンも含めて並べ替え問題で非常によく狙われます。

2

① 正解 **もう少し忍耐強ければ、トムはずば抜けたアスリートになっているだろう。**
助動詞の過去形の**would**＋**動詞の原形**から仮定法過去だとわかります。with を条件として「〜があれば」と考えます。直訳は「もう少しの忍耐があれば」

です。

(With a little more patience), Tom would be
M S V

an outstanding athlete.
C

② 正解 **彼女がフランス語を話しているのを聞けば、エリーはフランスに住んでいたと思うでしょう。**
助動詞の過去形の would ＋動詞の原形から**仮定法過去**だとわかります。分詞構文の Hearing her speak French を「～すれば」と、条件として訳します。分詞構文が含まれるのは意外かもしれませんが、これも助動詞の過去形を目印に仮定法と見抜ければ、**分詞構文が条件の代用**として使われているとわかるのです。

(Hearing her speak French), you would think
M S V

〈that Ellie lived (in France)〉.
O s v M

もし if節で書くなら次のようになります。

(If you heard her speak French),
s v o 動詞の原形

you would think 〈that Ellie lived (in France)〉.
S V O s v M

3 正解 **A secret organization would never**
主語が条件の役割をする仮定法過去です。仮定法では**条件の代用**が極めて重要です。この英文の場合、A secret organization would ～の中に仮定の要素が含まれています。

A secret organization would never let you
S V O

know the real names and adress [of its
動詞の原形

members].

Chapter 7 **41講** 演習の問題 ➡ 本冊P.99

仮定法の丁寧表現

1 ①㋓ ②㋐
2 ① 手を貸していただけますでしょうか。
② 金曜日、空港に私を車で迎えに来ていただけますか。
3 I'd appreciate it／attached to this e-mail

1

① 正解 ㋓
訳 今月末までにお返事をいただけると幸いです。
最大級の**丁寧表現**です。I would appreciate it if S would[could] V「～していただけるとありがたいのですが」を使います。期限の by「～までに」も要チェックです。

I would appreciate it (if you would give me
S V O M s v o_1

a reply (by the end of this month)).
o_2 M

② 正解 ㋐
訳 A：私のペンを使いたいですか。
B：いいえ結構。私は自分のものでしか書けないのです。
would like to ＋動詞の原形「～したいと思う」が使われています。助動詞の過去形で仮定法となり、want to ＋動詞の原形「～したい」よりも丁寧な表現になっています。なお、"No, thanks." が申し出を断るのに適切です。

A: Would you like to use my pen?
S V O

B: No thanks. I can (only) write (with my own).
S V M

アドバイス

お願い表現の丁寧さレベル

お願いの仕方は、英語にも「～してよ」「～していただけますか」のようなバリエーションがあります。

ため口	丁寧	超丁寧
命令文 Will you ～? Can you ～?	Would you ～? Could you ～?	I would appreciate it if you could ～. I was wondering if you could ～.

助動詞の過去形を使うと、「もしよろしければ」という相手にとって断りやすく、丁寧なニュアンスが出ます。場面によって使い分けられると上級者ですね。

2

① 正解 **手を貸していただけますでしょうか。**
最大級の**丁寧表現**です。I was wondering if S ＋過去形「～していただけますでしょうか」の非常に丁寧な表現が使われています。give me a hand は「手助けする」の意味です。

I was wondering 〈if you could give me a hand〉.
S V O s v o_1 o_2

② 正解 **金曜日、空港に私を車で迎えに来ていただけますか。**

依頼の丁寧表現です。Could you ～?「～していただけますか」が使われています。Can you＋動詞の原形 ～?「～してくれますか」と比べ、仮定法が使われていると、より丁寧な表現になります。pick 人 up は「人を車で迎えに行く」という表現です。

Could you pick me (up) (at the airport) (on Friday)?
S V O M M M

3 正解 **I'd appreciate it ／ attached to this e-mail**

最大級の**丁寧表現**です。I would appreciate it if S would[could] V「～していただけるとありがたいのですが」を使います。attach A to B「AをBに添付する」を、過去分詞でA attached to B「Bに添付されたA」の形にして使用します。

I'd appreciate it (if you could accept my application form, [attached to this e-mail]).
S V O M s v o

Chapter 7 **42講** 演習の問題 ➡ 本冊P.101

仮定法の時制のズレの識別

1 ①㊤ ②㊤

2 ① **もしそのときあなたの助けがなかったら、マークは今の彼のように成功していないだろう。**

② **もし彼がタクシーに乗っていたら、ジョンソン氏は今ここにいるだろう。**

3 **brother had taken my advice then**

1

① 正解 ㊤

訳 彼が大会で優勝していたら、彼は今有名だろう。

混合型仮定法です。nowという〈今ワード〉に着目すれば、主節はS＋助動詞の過去形＋動詞の原形を使うとわかります。

(If he had won the contest), he would be famous (now).
M S V O S V C M

② 正解 ㊤

訳 もしそのとき、あなたの助言に従いお金を貯めていたら、今頃、私はもっとずっと暮らし向きがいいだろう。

混合型仮定法です。前半がIf＋S＋had＋p.p.ですが、〈今ワード〉のnowから主節は仮定法過去のS＋助動詞の過去形＋動詞の原形を使うとわかります。

(If I had followed your advice and saved money (at that time)), I would be much better off (now).
M s v① o v② o M S V C M

アドバイス

過去に対する想像から、今の予想をする

混合型のわかりやすい例を考えてみます。「あのとき頑張っていたら、今うまくいっているだろう」という想像は日本語でもするはずです。

had＋p.p.
- If I had studied harder before the test,

今ワード
I would be successful now.
助動詞の過去形＋動詞の原形

「私がテスト前もっと一生懸命勉強していたら、私は今もっと成功しているだろう」となります。

2

① 正解 **もしそのときあなたの助けがなかったら、マークは今の彼のように成功していないだろう。**

todayが〈今ワード〉です。**混合型**の目印なので、前半を過去の意味の「～していなかったら」と仮定法過去完了で訳し、後半は「今～だろう」と仮定法過去で訳します。

(If it had not been (for your help) (at that time)), Mark would not be the successful person [that he is (today)].
M s v M M S V C c' s v M

② 正解 **もし彼がタクシーに乗っていたら、ジョンソン氏は今ここにいるだろう。**

混合型で、If＋S＋had＋p.p., S＋助動詞の過去形＋動詞の原形＋〈今ワード〉の形になっています。「タクシーに乗っていたら、今ここにいるだろう」と過去と現在を組み合わせた訳し方をします。

(If he had taken a taxi), Mr. Johnson would be (here) (now).
M s v o S V M M

3 **brother had taken my advice then**

仮定法の英作文をするときには**時制のチェック**が必要です。特に、混合型の仮定法では時制にズレがあるため、きちんと過去と現在の訳し分けを行います。

仮定法過去完了

あのとき弟が私の助言を聞いていれば、今ごろ俳優として成功しているだろうに。

仮定法過去

↓

仮定法過去完了

If my brother had taken my advice then,

仮定法過去　今ワード

he would be a great actor now.

与えられた日本語と〈今ワード〉に注意して、混合型もすぐに見抜けるようにしていきましょう。

(If my brother had taken my advice (then)), he

M s v o M S

would be a great actor (now).

V C M

Chapter 7 **43講** 演習の問題 ➡ 本冊P.103

仮定法現在の識別

1 ①㋐ ②㋒

2 ① **私は彼女が私たちの前でこの申し出を受け入れることを強く勧めた。**

② **その建築家は私たちが家に長持ちしてほしいならば定期的に家が塗装されることを勧める。**

3 ① **I recommend that you keep a diary.**

② **He suggested that Mary visit Mr. Ogura.**

1

① 正解 ㋐

訳 ルミの両親は大学で彼女が英語のライティングの授業を取るべきだと勧めた。

recommend「勧める」を使った**仮定法現在**です。that節内はまだ行っていないことなので、sheの後も動詞の原形を使います。なお、勧めることは「これから行われること」なので、過去形㋓ tookはNGです。

Rumi's parents recommended 〈she take

S V O s v

an English writing class (at college)〉.

o M

② 正解 ㋒

訳 私は彼女が彼女の状態について私に知らせるように要求した。

request「要求する」を使った**仮定法現在**です。要求の内容はまだ行っていないことなので、sheの後も動詞の原形を使います。なお、keep 人 informedで「人に情報を知らせる」の意味です。

I requested 〈that she keep me

S V O s v o

informed of her condition〉.

c

アドバイス

形容詞でもthat節以下は動詞の原形になる

動詞に比べると出題率がグッと下がりますが、形容詞のnecessaryを使うときにthat節内がS＋動詞の原形になるパターンがあります。

- It is necessary that he go there.

訳 彼がそこに行くことが必要だ。

動詞の原形を使うことで、「頭の中で話者が考えていること」「まだ実現していないこと」を表します。

2

① 正解 **私は彼女が私たちの前でこの申し出を受け入れることを強く勧めた。**

recommendedが過去形でも、仮定法の場合は時制の一致の縛りを受けません。sheの後も動詞の原形が使われています。なお、strongly recommendは「強く勧める」の意味です。

I (strongly) recommended 〈that

S V

she accept this offer in front of us〉.

S 動詞の原形 O

さらに詳しく構造を分解します。

I (strongly) recommended 〈that she accept

S M V O s v

this offer (in front of us)〉.

o M

② 正解 **その建築家は私たちが家に長持ちしてほしいならば定期的に家が塗装されることを勧める。**

仮定法現在で使われるrecommend「勧める」があります。「まだ塗装されていない」ことからthat節内では動詞の原形を使います。

The architect recommends

S V

〈that our house be painted regularly〉

S 動詞の原形

〈if we want it to last〉.

be動詞＋p.p.なので、「〜される」と受け身で訳します。なお、最後のlastは動詞で「長持ちする」の意味です。

The architect recommends 〈that our house be
S V O s

painted (regularly)〉 (if we want it to last).
v M M s v o to＋動詞の原形

3

① 正解 **I recommend that you keep a diary.**

仮定法現在です。recommend「勧める」内容はまだ相手が行っていないことなので、that以下の動詞は原形を使います。「日記をつける」はkeep a diaryです。

I recommend 〈that you keep a diary〉.
S V O s v o

② 正解 **He suggested that Mary visit Mr. Ogura.**

仮定法現在です。suggested以下は主語がMaryでも三単現のsはつけず、動詞の原形を使います。

He suggested 〈that Mary visit Mr. Ogura〉.
S V O s v o

Chapter 7 **44講** 演習の問題 ➡ 本冊P.105

仮定法の時系列の識別

1 ①イ ②イ ③ア

2 ① もしそうでなければ、姉〔妹〕と一緒に買い物に行っただろう。

② その紳士は嘘をついたかもしれない。

3 If the weather had been nice, I would have walked to my[the] office.

1

① 正解 イ

訳 私は3日間病気で寝込んでいる。昨日の会議に参加できていればよかったのになあ。

wishの識別問題です。今回は文中にyesterday's「昨日の」という言葉があるので、仮定法過去完了を使うとわかります。〈I wish＋S＋could have＋p.p.〉を作るイが正解です。

I've been sick (in bed) (for three days). I wish
S V C M M S V

〈I could have attended yesterday's meeting〉.
O s v o

② 正解 イ

訳 もし何か頭の中に浮かんでいるならば、新しく考慮すべきことの可能性を開いてくれるので、私たち全員と共有してください。

仮定法未来の倒置の問題です。後ろが命令文なので、shouldを使う**仮定法未来**を使うとわかります。If＋S＋should＋Vを倒置させると、Should＋S Vとなります。

(Should you have anything (in mind), please
M s v o M

share it (with us all), (because it can open up
V O M M s v

new possibilities (for our consideration)).
o M

③ 正解 ア

訳 あなたはまるで何か他のことについて考えているように見える。

as if「まるで〜のように」は、疑いを持っているときや推測が入っているときには後にS＋過去形の形を取ります。この過去形は現実との距離があることを表すものです。

You look (as if you were thinking
S V M s v

(about something else)).
M

アドバイス

It is time S＋過去形の考え方

- It is time you went to bed.

訳 あなたはもう寝てもいい頃だ。

この文で現在のことなのに過去形を使うのは現実との距離を表すためです。It is time S＋過去形／It is about time S＋過去形／It is high time S＋過去形とバリエーションまで押さえればバッチリです。

2

① 正解 **もしそうでなければ、姉〔妹〕と一緒に買い物に行っただろう。**

訳 私は昨日とても疲れていた。もしそうでなければ、姉〔妹〕と一緒に買い物に行っただろう。

would have goneから**仮定法過去完了**とわかります。otherwise「もしそうでなければ」は前文との対比で使われます。if節の代用なので、if 〜 notの形に戻すとわかりやすくなります。

had not＋p.p.

If I had not been very tired yesterday,

I would have gone shopping with my sister.

助動詞の過去形＋have＋p.p.

I was very tired (yesterday). (Otherwise),
S V C M M

I would have gone shopping (with my sister).
S V M

② 正解 **その紳士は嘘をついたかもしれない。**

訳 その紳士が嘘をついたかもしれないとは決して思い浮かばなかった。

仮定法過去完了です。might have p.p. を使っています。「過去に〜したかもしれない」の意味です。

It (never) occurred (to me) 〈that the gentleman
形式S M O M 真S s

might have lied〉.
v

3 正解 **If the weather had been nice, I would have walked to my[the] office.**

これは**仮定法過去完了**を使います。時系列をチェックすると次のとおりです。

天気がよかったら会社まで歩いて行ったのになあ。
過去の想像 過去の想像

↓

If the weather had been nice,
had + p.p.

I would have walked to my office.
助動詞の過去形 + have + p.p.

なお、天気がいいことはfineよりもniceを使う方が多いです。

(If the weather had been nice),
M s v c

I would have walked (to my office).
S V M

Chapter 8 **45講** 演習の問題 → 本冊P.107

比較対象の把握と識別

1 ①㋐ ②㋐

2 ① like English far better than

② showed the temperature／is higher than that of its suburbs

3 Hybrid cars are more economical than gasoline-powered cars.

1

① 正解 ㋐

訳 そのオリーブの木はリアムが生まれたときに庭に植えられたが、今や彼の3倍の高さになった。

原級比較の〈as + 原級 + as〉の形です。比較対象はThe olive treeとLiamです。倍数表現であるthree timesが原級比較の前に置かれて、「リアムの背の高さの3倍と同じ」の意味になります。

② 正解 ㋐

訳 最新の研究によれば、世界で最も凶暴な恐竜、ティラノサウルスレックスはオリンピック選手と同じ速度で走ることができたとされる。

原級比較の〈as + 原級 + as〉の形です。比較対象はTyrannosaurus Rexの走る速さとan Olympic athleteの走る速さで、athleteの後ろにrunsが省略されています。The world's most frightening dinosaurは**最上級の限定用法**が使われています。

2

① 正解 **like English far better than**

比較対象はEnglishとmathで比較級betterが用いられています。比較級を強調するための語としてfarが使われています。「はるかに」という意味です。

I like English (far better than math).
S V O M

アドバイス 

比較級の強調表現

比較対象の差を強調し広げる表現として使うことができる語にはmuch(ずっと)やfar(はるかに)があります。反対に比較対象の差を小さくする表現としてa little(少しだけ)やslightly(わずかに)、somewhat(いくぶん)といった表現があります。evenやstillも比較級の強調表現で、比較対象のどちらもがある程度のレベルにあるが、そのうち一方が「他方よりさらに」1つ上のレベルにある、ということを表します。

② 正解 **showed the temperature ／ is higher than that of its suburbs**

代用のthatがポイントです。比較対象はthe temperature of the city's central areaとthat of its suburbsで、代用のthatが使われています。thatはthe temperatureの代用です。

The analysis showed 〈the temperature of the city's
S V O s

central area is higher (than that of its suburbs)〉.
v c M

3 正解 **Hybrid cars are more economical than gasoline-powered cars.**

more型の比較級です。比較対象はHybrid carsとgasoline-powered carsで 比 較 級 more economicalが用いられています。economicalは3音節以上なのでmoreを前につけます。economicalは「経済的な・倹約的な」の意味です。

Hybrid cars are (more) economical
S V C

(than gasoline-powered cars).
M

Chapter 8 **46講** 演習の問題 ➡ 本冊P.109

no more than と no less than の識別

1 ①イ ②ウ
2 ① クラスには3人もの田中さんがいて、これはかなりの混乱をもたらした。
② 我々が運転をし続ける限りは、3日しかかからないはずだ。
③ 私たちの種であるホモ・サピエンスは、単なる一生物種に過ぎず、他の種と同様独自性があるわけでも特別なわけでもない。
3 Mana is no less beautiful than Kana.

1

① 正解 イ

訳 我々は1000円しか持っていないので、このお土産を買うならば、電車に乗ることができなくなるだろう。

no more thanの識別です。「電車に乗ることができなくなるだろう」から持参しているお金が少ないとわかります。no more thanは「〜しかない」の意味です。

② 正解 ウ

訳 我々は韓国への旅で10万円も使った。

≒我々は韓国への旅行に少なくとも10万円使った。

no less thanの識別です。no less than「〜もの」はat least「少なくとも」でほぼ同じ意味を表すことができます。

アドバイス

no less 〜than は意外と簡単！

打ち消し⇒より重要性で劣る
- Sunlight is no less indispensable than water.

訳 太陽光は水同様に不可欠だ。

ここで、less indispensable thanの前につくnoは「より重要性で劣るなんてことはない」と否定しており、結局は「どちらも同じくらい不可欠だ」となります。このように、両者を肯定していることがわかればOKです。

2

① 正解 **クラスには3人もの田中さんがいて、これはかなりの混乱をもたらした。**

no less thanの識別です。no less than「〜もの」の後にthree Tanakasが来ており、クラスに同じ苗字が多すぎることを伝えています。

(There) were ⟨no less than three Tanakas⟩
M V S

(in the class), and this led to
M S V

quite a bit of confusion.
O

② 正解 **我々が運転をし続ける限りは、3日しかかからないはずだ。**

no more thanの識別です。no more than three daysは「3日しか〜ない」の意味になります。as long as「〜する限りは」も重要です。

(As long as we keep on driving), it should take
s v o S V

no more than three days.
O

③ 正解 **私たちの種であるホモ・サピエンスは、単なる一生物種に過ぎず、他の種と同様独自性があるわけでも特別なわけでもない。**

no more 〜 thanは両者ともに否定する用法です。今回の比較対象は人類以外のすべての種です。「それ以上に独自かつ特別である」をnoで打ち消します。

＝同格

Our species, Homo sapiens, is merely one species, no more unique or special than any other.

打ち消し⇒それ以上に独自で特別

人間が他の生物同様に、一生物種に過ぎないのだということを伝える英文です。

3 正解 **Mana is no less beautiful than Kana.**

no less 〜 thanは両者ともに肯定する用法です。「…に負けず劣らず〜」⇒「…と同じくらい〜」を使います。肯定の意味になる点が重要です。

打ち消し⇒〜より美しさで劣る

Mana is no less beautiful than Kana.

マナがカナと比べて「美しさで劣ることはない」と打消しをしているので「同じくらい美しい」となります。

Chapter 8 **47講** 演習の問題 ➡ 本冊P.111

否定語を使った比較の識別

1 ①ウ ②イ
2 ① is not so much the price we pay as the result
② Few／are harder than to observe
3 イ

1

① 正解 ウ

訳 シェフはオリジナル料理同様に美味しい料理のヘルシー版を作った。

no less ～ than の識別です。否定語の less を no で打ち消すので、肯定の意味になることを押さえておきましょう。

The chef created healthy versions of the dish [that were no less delicious (than the original one)].
(S: The chef / V: created / O: healthy versions of the dish / s': that / v: were / c: no less delicious / M: (than the original one))

② 正解 イ

訳 健康より大事なものは何も他にない。

Nothing を主語にした**最上級相当表現**です。「何も他にない」⇒「一番だ」ということを強調しています。

Nothing is more important (than your health).
(S: Nothing / V: is / C: more important / M: (than your health))

アドバイス

否定語は強いメッセージ性を持つ

比較と否定語は掛け算となって、重要なメッセージを伝えます。これがわかると、筆者の主張をきちんと解釈できるようになるのです。

• Nothing could be further from the truth.

訳 これほど真実からほど遠いことは他にないだろう。⇒全くの見当違いだ。

この英文は想像以上に出題率が高く、長文でも役立ちます。慶應大学や早稲田大学で出ており、筆者が一般論を批判するときに使うパンチの効いた主張になるのです。

2

① 正解 is not so much the price we pay as the result

否定語の応用表現で、not so much A as B「A よりむしろ B」の構文です。強調点は B になります。

The point is not so much the price [we pay] as the result [we get].
(S: The point / V: is / C: not so much the price [we pay] (A) as the result [we get] (B))

比べる対象が「得られる成果」なのですが、その結果ほど「犠牲」が大きくはならないことを表します。つまり、犠牲より成果が強調されることになるのです。

② 正解 Few／are harder than to observe

few を使った比較の識別です。few は否定語で「ほとんど～ない」という意味になります。

Few things are harder (than to observe (carefully) the life and custom of one's own day).
(S: Few things / V: are / C: harder)

3

① 正解 イ

訳 A: 旅行のための計画を見ていただけますか。
B: もうすでにそれを見ました。大賛成です。
A: わかりました。私たち2人とも気に入って嬉しいです。

A が最後に I'm glad we both like it.「私たち2人とも気に入って嬉しいです」と言っていることからプラスの文脈だとわかるので、空所にもプラスの内容が入ります。I couldn't agree with it more. の理解がポイントです。これは否定語が入っているので、マイナスの意味だと誤解してしまう人もいるかもしれません。しかし、次のように真の理解が求められるのです。

I couldn't agree with it more.

訳 もっとこれ以上に同意することができない。
⇒大賛成です。

日本語でも「この上ない」という言葉がありますが、そのくらい「最高だ」と伝えています。

Chapter 9 **48講** 演習の問題 ➡ 本冊P.113

対比と譲歩の接続詞と副詞の識別

1 ①イ ②ウ
2 ①イ ②イ

1

① 正解 ㋑

訳 私がこの国に到着して以来、1滴も雨が降っていないが、これに対して本国の夏はじめじめして湿度が高い傾向がある。

対比の接続詞のwhereasを使います。訪れた国と自国の比較をしているので、対比がふさわしいです。

㋐ even if「たとえ～だとしても」⇒条件

㋒ as far as「～する限りは」⇒条件

㋓ so「だから」⇒因果関係

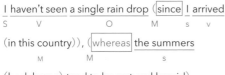

I haven't seen a single rain drop (since I arrived
S V O M s v

(in this country)), (whereas the summers
M M s

(back home) tend to be wet and humid).
M v c

② 正解 ㋒

訳 私はパーティに行く前に誕生日プレゼントを買うのを忘れた。しかしながら、パーティにあまりにもたくさんプレゼントがあったので、誰も気づかなかった。

前文の予想に反する内容なので、Howeverを使います。Howeverは副詞なので、2文を切り離して使えます。㋐ Although と㋓ Though「～だけれども」は接続詞なので、原則文をつなぎます。一方、㋑ Despiteは前置詞なので、SVの構造は取れません。

I forgot 〈to buy a birthday present (before
S V O

going to the party)〉. However, (there) were
M V

so many presents (at the party) that no one
S M s

noticed. ※後半はso ... that構文
v

アドバイス

接続詞の使い分けについて

譲歩のeven if「もし仮に～だとしても」とeven though「実際～だけれども」の識別はよく空所補充で狙われます。

- Even though I told her not to, she decided to marry him.

訳 彼女にはそうしないように言ったのだけれども、彼女は彼と結婚することにした。

even thoughの場合は、「現実にそうした」ことにフォーカスが当たります。一方、even ifはあくまでも仮の話なので、実現しなくても構いません。

- Even if he doesn't want to, he has to report it to his boss.

訳 仮に彼がそうしたくないとしても、彼はそれを上司に報告しなくてはいけない。

このようにeven ifとeven thoughの識別は意外と重要なので、しっかりと理解をしておいてください。

2

① 正解 ㋑

訳 私は海外に行く計画をしていたが、考えを変えた。

等位接続詞のbutを使って、前文の内容を覆しています。外国に行く計画⇔考えを変えたという流れです。つまり、海外には行かないということになります。

I was planning on going abroad,
等位接続詞のbut

but I've changed my mind.

同じ意味になるのは、譲歩を表す接続詞のalthough「～だけれども」を使った選択肢です。

㋑

I'm not going overseas, although I had intended to.
譲歩

訳 海外に行かない予定だ。行くつもりだったのだが。

なお、他の選択肢は言い換えにはなりません。

㋐ I've decided to travel to a foreign country after all.「私はやはり外国に行くことに決めた」は、実際は外国に行かないので不適です。

㋒ I've changed my travel plans, but not the destination.「私は旅行計画は変えたが、目的地は変えていない」は言及がありません。

㋓ I'm going to a country different to the one I'd planned.「私は計画をしていたところと違う国に行く予定だ」とありますが、これも言及されていません。

I was planning (on going abroad),
S V M

but I've changed my mind.
S V O

㋐ I've decided 〈to travel to a foreign country〉
S V O

(after all).
M

㋑ I'm not going (overseas), (although I
S V M M s

had intended to).
v

㋒ I've changed my travel plans, but not
S V O

the destination.
O

㋓ I'm going (to a country) [different to the
S V M

one [I'd planned]].
S V

② 正解 ㋑

訳 テニスの試合が始まったとき、彼女は緊張していたけれども、すぐに楽しみ始めた。

譲歩の接続詞althoughが使われています。「Aだけれど、Bだ」と来た場合、副詞節と主節は対照的な内容が入るはずです。

最初は緊張したけれど⇔楽しくなった

この流れの変化を押さえる必要があります。正解はマイナスの感情からプラスの感情に転じた㋑です。

㋑ After the tennis match began, her anxiety turned into enjoyment.

訳 テニスの試合が始まった後で、彼女の不安が楽しい気持ちに変わった。

㋐ The game was enjoyable to begin with, but quickly became stressful.「試合は最初楽しかったけれど、すぐにストレスがかかるものになった」は本文と反対の内容です。

㋒ Nervousness before a performance often helped her play better tennis.「試合の前の緊張はよく、よりよいテニスをする手助けになった」には触れられていません。

㋓ She always liked playing tennis when nervous, and this match was no exception.「彼女は常に緊張してテニスをするのが好きだったし、この試合も例外ではなかった」とありますが、緊張が好きだったとは書かれていません。

(Although she was nervous (when the tennis match started)), she (quickly) came to enjoy herself.
M s v c M s v S M V O

㋐ The game was enjoyable (to begin with), but (quickly) became stressful.
S V① C M V② C

㋑ (After the tennis match began), her anxiety turned (into enjoyment).
M s v S V M

㋒ Nervousness [before a performance] (often) helped her play better tennis.
S M V O C

㋓ She (always) liked 〈playing tennis (when nervous)〉, and this match was no exception.
S M V O S V C

Chapter 9 **49講** 演習の問題 ➡本冊P.115

論理関係を表す表現の識別

1 ①㋒ ②㋐ ③㋒

2 ① should have e-mailed you sooner so that you could

② was because of the heavy snow that

1

① 正解 ㋒

訳 ヒロミは本当に韓国料理が好きだ。今や私は彼女と一緒にソウルに行ったので、私も好きである。

因果関係の接続詞のnow that「今や〜なので」をチェックしておきましょう。また、**代動詞のdoもポイント**です。反復を避けるために、英語では直前の動詞を受けて、代わりの動詞(代動詞)を使います。直前の文に「ヒロミは本当に韓国料理が好きだ」とあるので、「私も」とするためには一般動詞のlikeを代動詞のdoに変えた㋒ **do**が正解です。

Hiromi (really) likes Korean food, and (now that I've visited Seoul (with her)), I do, (too).
S M V O M s v o M S V M

② 正解 ㋐

訳 あなたの兄弟2人は本当に似ているので、誰が誰だか区別するのは難しい。

論理関係と品詞の識別がポイントです。so形容詞that SVの構文で、「とても〜なのでthat以下だ」となります。that以下には程度が示されるので、後半の「区別をつけるのが難しい」がヒントとなります。alike「似ている」が入ります。なお、alikeは叙述用法で使いますので、後ろに名詞は伴いません。

㋑ likely「可能性がある」→意味が不適

㋒ resemblance「類似」→品詞が名詞なので不適

㋓ same「同じ」→theと共に使うので不適

Both of your brothers are so alike that it is hard 〈to tell 〈who is who〉〉.
S V C 形式s v c 真s

③ 正解 ㋒

訳 雨が降りそうだけれども、野球の試合は延期されないだろう。

因果と譲歩の識別がポイントです。後ろがSV構造なので、接続詞が入ります。この点はすべての選択肢に当てはまります。一方、because、since、asは理由を表す接続詞であるため、今回は因果関係が成立せず文意に合いません。

The baseball game won't be postponed
延期されないだろう

(even though it looks like rain).
実際〜だけれども

雨が降りそうならば普通は「延期される」となるはずです。しかし、今回は「延期されないだろう」となっています。矛盾する内容が入るので譲歩のㄅ even though が正解です。

The baseball game won't be postponed
S V

(even though it looks (like rain)).
M s v M

アドバイス

because／since／as／forはどう使い分けるか？

sinceやasは理由の中でも「事実としてよく知られていること」や「相手が十分に慣れ親しんだ根拠」を述べます。becauseに比べるとやや多義性があり、理由としては曖昧性が残るのです。一方でbecauseは理由を明確に述べるときに使います。順番に関しても、主節を述べ、その後に添える形が多いです。最後に、forについては唯一等位接続詞になっています。SV, for SV.「SVだ。というのも、SVだからだ」と理由を後から追加するのに使われるのです。

- She decided to study abroad, **for** she wanted to experience a new culture.

訳 彼女は留学することを決めた。**というのも**、新しい文化を体験したかったからだ。

2

① 正解 **should have e-mailed you sooner so that you could**

接続詞のso thatがポイントです。後悔を表すshould have p.p.「〜すべきだったのに」を使います。後半にはその行動による目的が入ります。

I should have e-mailed you sooner
助動詞 + have + p.p.

(so that you could react in a timely manner).
後半に目的が来る

timelyは「適時の」という形容詞です。これは野球で「タイムリーツーベース」のような言葉があるので、「タイミングのいい」くらいの意味になることがわかります。

I should have e-mailed you (sooner) (so that
S V O M M

you could react (in a timely manner)).
S V M

② 正解 **was because of the heavy snow that**

これは**因果関係の副詞句**を強調する強調構文です。becauseを接続詞で使おうとすると、今回はSV構造が作れません。because of 〜「〜のせいで」が因果関係の副詞句になっています。

It was because of the heavy snow that the train
M S

was delayed.
V

Chapter 9 **50講** 演習の問題 ➡本冊P.117

主張を表す接続詞・省略の識別

1 ①ㄧ ②ㄕ
2 ① **nor did I want to**
② **although not quite unique**

1

① 正解 ㄧ

接続詞の後の省略がポイントです。if anyはif there were anyのthere wereを省略したものになります。

省略
Few, if {there were} any, people understood the importance of the scientist's discovery.

② 正解 ㄕ

接続詞の後の省略がポイントです。youが共通する主語なので、whenの後のSとbe動詞が省略されています。

省略
When {you are} applying for a passport, you must provide photo identification.

アドバイス

接続詞のasの多義性をどう解釈するか？

asは多義語なので、識別が最も重要な接続詞です。識別のコツは相性から押さえることなので、用例と共に知識を深めてみましょう。原義は同時性なので、時や比例のイメージがつきます。

何か行動が同時に行われているときや往来発着系の動詞などが使われると、「時」の意味になります。

【時】「〜するとき／〜しながら」

- As I listened to her story, I was crying.

㊙ 彼女の話を聞きながら、私は泣いていた。

理由になるときは主節と副詞節にゆるい因果関係があります。

【理由】「〜なので」

- As I was late for school again, my teacher was mad.

㊙ 私が学校にまた遅れたので、先生は怒った。

譲歩の意味は語順から見抜けます。〈形容詞 as SV〉のときは「〜だけれども」の意味です。

【譲歩】「〜だけれども」

- Poor as he is, he is kind at heart.

㊙ 彼は貧しいけれども、心は優しい。

比例の asは「〜につれて」と訳します。これは比較級や変化を表す動詞などと相性がよい用法です。

【比例】「〜するにつれて」

- As one gets older, one appreciates the importance of health.

㊙ 人は年を取るにつれて、健康の重要性を理解する。

その他にも比較で学んだ〈as ＋原級＋ as〉「と同じくらい」のように、決まった表現として使うものもあるので、簡単に整理しておきましょう。

- as far as「〜に関する限り」
- as is often the case with 〜「〜にはよくあることだが」
- as soon as possible「できるだけ早く」
- as you know「ご存じのとおり」

2

① 正解 **nor did I want to**

否定語の接続詞の後の**強制倒置**がポイントです。

〜, [nor] did I want to {go to the party}.
（倒置：did I ／ S：I ／ V：want to）

強制倒置は文頭に否定語が来たときにその直後の文の語順が倒置になるというルールです。今回のように一般動詞の過去形の文であれば、疑問文を作るときと同様にdidが続きます。

（疑問文ではdidが前に出ます。）

- Did I tell you I was going to quit?

㊙ 辞めると君に言ったかな。

否定語の後の倒置も同じようにdidが前につくのです。

② 正解 **although not quite unique**

接続詞の後の省略がポイントです。省略するときには共通する主語があるときなので、今回は「90%が右利きであること」を指す、itの省略です。

About ninety percent of human beings are right-handed, which is unusual in the animal kingdom, although {it is} not quite unique.

NOTE

土岐田の
ここからつなげる
英文法ドリル

修了判定模試
解答と解説

1 (1)㋐ (2)㋒ (3)㋓ (4)㋐ (5)㋓
(6)㋑ (7)㋒ (8)㋐ (9)㋑ (10)㋐
(11)㋑ (12)㋓ (13)㋐ (14)㋐ (15)㋑

2 (1) このアプリは新しい言語を学ぶことをより簡単にしてくれる。
(2) 知識と経験を共有することは他者だけではなく、自分自身にも利益となる。
(3) アルバート・アインシュタインによって展開された一般相対性理論は空間と時間の研究に革命をもたらした。
(4) 彼女は様々な文化を探求し、新しい物の見方を得ようとして、仕事を辞め、世界中を旅することに決めた。
(5) どれだけたくさん間違えるかではなく、それらからどう学ぶかこそが重要なのだ。
(6) この絵画は美術館で展示される有名な芸術作品に負けず劣らず美しい。
(7) 職場における効果的なコミュニケーション以上に価値のある能力は他にない。
(8) 今やオンライン学習がより一般に広まったので、学校はそれを学生たちにとってより魅力的にするための方法を見つけようとしている。
(9) 受験勉強をしながら、私は周囲の人とより気軽に話せるようになった。
(10) もしもう少し努力すれば、我々のコミュニケーションの方法に革命をもたらすソフトウェアを開発することができるだろう。

3 (1)㋒ (2)㋒ (3)㋐ (4)㋓ (5)㋐

4 (1) You should have spent more time studying for the exam.
(2) This book is really interesting. I was wondering if you could lend it to me.
(3) Had we discussed the problem more seriously, we might have been able to solve it.
(4) The movie was much more interesting than the one I watched before.
(5) They will have been dating for two years by the time they graduate from college.
(6) She had to wait for over an hour to meet the manager.
(7) They were so thrilled when they got their new games that they couldn't stop playing them.
(8) However busy he is, he always makes efforts to continue learning and improving himself.
(9) This is the book that first piqued my interest in English grammar and its history.
(10) If I hadn't met my mentor, I wouldn't be the scholar that I am today.

5 (A) (1)㋐ (2)㋒ (3)㋑ (4)㋑ (5)㋒
(B) (1) AI〔人工知能〕が社会に対して与える可能性のある潜在的な恩恵を考えることが不可欠だ。
(2)㋒ (3)㋓
(4) 藤井聡太さんはAI〔人工知能〕と対戦することによって、新しい将棋の手を生み出す機会を活用し続けている。

1

(1) 正解 ㋐（➡31講）（2点）

訳 ここ最近、私は毎晩仕事の後でジムに行く。

these days「ここ最近」と習慣を表す every evening「毎晩」という語句があるので、時制は**現在形**を使います。正解は㋐の **go** です。

(2) 正解 ㋒（➡11講、➡12講）（2点）

訳 新型コロナウイルス感染症の発生は世界経済に大きな影響を及ぼした。

形容詞の profound「重大な」が修飾するのは名詞で、正解は㋒の **effect** です。なお、㋑の affects は「〜に影響を与える」という意味の動詞です。

(3) 正解 ㋓（➡05講、➡32講）（2点）

訳 先生の講義はとても面白かったので、生徒は授業の最後にスタンディングオベーションをした。

文型としては**第4文型**です。主節の時制が過去になっているので、時制の一致で過去形を使います。

〜 the students (S) gave (V) her (O_1) a standing ovation (O_2) (at the end of class) (M).

(4) 正解 ㋐（➡03講、➡06講）（2点）

訳 生徒たちがうまく行くのは家族の支えや励ましがあるからだ。

owe の**第3文型**の使い方がポイントです。第4文型で使う owe 人 物「人に物を借りている」は、第3文型に書き換えると owe 物 to 人の形になります。なお、過去を表す語句がないので現在形が自然です。

(5) 正解 ㋓（➡09講）（2点）

訳 チームのキャプテンはチームメイトに対して次の試合で最善を尽くすように励ました。

動詞の語法の知識を活用します。〈to＋動詞の原形〉を使うことがポイントです。encourage は〈encourage O to＋動詞の原形〉「Oが〜するように励ます」の形で使います。この形に当てはめて、encouraged his teammates **to give** とすればOKです。

(6) 正解 ㋑（➡11講、➡13講）（2点）

訳 これはとても人気のコンサートなので、ほぼ全てのチケットが常に売り切れだ。

㋐と㋑で迷うかもしれませんが、副詞の almost は名詞を直接修飾することはできません。空所の直後に〈冠詞＋名詞〉の the tickets があり、選択肢の中でこの形を取れるのは㋑のみです。副詞の almost はここでは形容詞の all を修飾しています。

(7) 正解 ㋒（➡14講）（2点）

訳 私は6か月間、ずっと毎日英語を勉強し続けている。したがって、私のリスニング力は格段に向上した。

前半の内容が**原因**になっています。「6か月間、ずっと毎日英語を勉強し続けている」とあり、空所の直後からその**結果**として「リスニング力が向上した」ことがわかります。因果関係を表すので、正解は㋒の **Therefore**「したがって」です。

(8) 正解 ㋐（➡32講、➡33講）（2点）

訳 彼らは大学を卒業して以来、お互い会っていない。

現在完了の継続用法です。since が接続詞として使われ、過去の基準点と一緒に用いられています。その時点から「ずっと会っていない」ことになるので、正解は現在完了の否定文の㋐ **haven't seen** です。

They (S) haven't seen (V) each other (O) (since they (s) graduated (v) (from college) (M)).

(9) 正解 ㋑（➡15講）（2点）

訳 ホテルは丘のてっぺんにあるので、街の美しい景色が見渡せる。

前置詞の識別問題です。これは at と思った人もいるでしょうが、at は1点のイメージ（範囲が限定的）で使われます。丘の上に広い範囲でホテルが立っていることを考えると、平面上の接触を表す㋑の **on** が正解とわかります。

(10) 正解 ㋐（➡19講）（2点）

訳 私は昨日会議に出席しなかったことを深く後悔している。

正解は㋐の **not attending** です。動名詞で regret＋Ving とすると「〜したのを後悔する」の意味になります。否定の not があるので、「〜しなかったことを後悔する」の意味です。この英文では過去を表す yesterday があるため、**過去志向**の動名詞と相性のよいパターンです。regret は目的語に〈to＋動詞の原形〉を取ると、「残念ながら〜する」と未来志向になるため、今回は使えません。

(11) 正解 ㋑（➡22講）（2点）

訳 先生がたった1回の講義だけでそのような難しい授業を教えられたのは驚くべきことだ。

主語が形式主語の it になり、that 以下に真主語として長い主語の具体的な内容が示されています。「たった1回の講義だけでそのような難しい授業を教えられた」とあるので、その内容自体が人を「驚かせる」ことになり、正解は**現在分詞**の㋑ **amazing** です。過去分詞の amazed だと何か他に原因があり、主語が他者から「驚かされる」の意味になるため、この問題では不適切です。

(12) 正解 ㋓（➡25講）（2点）

訳 何時間も勉強して、私は試験に行く自信を感じた。

完了時制の分詞構文です。過去の「自信を感じた」ときよりも1つ前の時制から過去までの継続を表します。以下時系列を要チェックです。

大過去から過去への継続を表す　過去形
(Having studied for hours), I felt confident (going
having + p.p　S V C
into the exam).

(13) 正解 ㋐ (➡23講) (2点)
訳 有名なシェフに所有されている町の新しいレストランはとても人気になった。
後置修飾の把握がポイントです。述語動詞のhas becomeがあることから、空所からchefまでが先頭の名詞The new restaurantを修飾しているとわかります。

The new restaurant [in town] [owned by a famous chef] has become (very) popular.
S　p.p.　V　C

(14) 正解 ㋐ (➡43講) (2点)
訳 試験の準備をするのに、先生は私たちが勉強会グループを作るように提案した。
suggest「提案する」に続くthat節の中が「**まだ実現していないこと**」であれば、**動詞の原形**を使います。これを**仮定法現在**と言うのでしたね。正解は動詞の原形になっているformです。このルールは時制の一致が適用されないため、formedとした人は「その時点でまだしていないこと」には過去形は使えないことを理解しておきましょう。

(15) 正解 ㋑ (➡48講、➡49講) (2点)
訳 試験の勉強をする時間があまり取れなかったけれど、私はそれでもなおなんとかよい成績を取った。
接続詞の使い方の識別問題です。文同士をつなぎ、主節に対してサブの情報を加えることから、等位接続詞のsoは選択肢から外れます。論理関係の読み取りをすると、「試験の勉強時間があまり取れなかった」ことと「よい成績を取った」ことの間には譲歩と主張の関係があるとわかります。正解は譲歩「～だけれども」の意味を表す㋑のAlthoughです。㋒と思った人は要注意です。even if「もし～ならば」は仮定の話に使われ、事実には使われない点をチェックしておきましょう。

(Although I didn't have much time [to study for the exam]), I (still) managed to get a good grade.
s v o　S M V O

2

(1) 正解 **このアプリは新しい言語を学ぶことをより簡単にしてくれる。** (➡07講、➡18講) (2点)
第5文型のmake O C「OをCにする」がポイントです。形式目的語を使ったmakes it easierで簡単にSVOCを作った上で、itの中身をto以下で述べる形になっています。意訳すると、「このアプリのおかげで新しい言語がより学びやすくなっている」となります。

形式目的語　真目的語
This app makes it easier 〈to learn a new language〉.
S V O C

SVOCの訳し方が直訳、意訳のいずれかでできていれば1点、to以下を本当の目的語として訳出ができていれば1点です。

(2) 正解 **知識と経験を共有することは他者だけではなく、自分自身にも利益となる。**
(➡24講) (2点)
文頭のVingの識別です。主語のSharingのカタマリの後で、述語動詞のcan benefitがあります。そこから、この形は動名詞とわかるので、「～すること」と訳せばOKです。benefitは「利益となる」や「プラスになる」の意味で取ると、わかりやすい訳になります。「AだけでなくBも」の意味になるnot only A but also Bも要チェックです。

〈Sharing your knowledge and experience〉
S
can benefit not only others, but also yourself.
V O(A) O(B)

動名詞の訳出が正確にできていれば1点、not only A but also Bの訳出ができていれば1点です。

(3) 正解 **アルバート・アインシュタインによって展開された一般相対性理論は空間と時間の研究に革命をもたらした。** (➡23講) (2点)
動詞の過去形と過去分詞の識別問題です。developed byからEinsteinまでは**分詞の後置修飾**になっています。

The theory of general relativity [developed by Albert Einstein] revolutionized the study of space and time.
S p.p. V O

「アルバート・アインシュタインによって展開された一般相対性理論は」と後置修飾として訳せていれば1点、動詞と目的語を正確につかみ、「空間と時間の研究に革命をもたらした」と訳せていれば1点です。

(4) 正解 **彼女は様々な文化を探求し、新しい物の見方を得ようとして、仕事を辞め、世界中を旅することに決めた。**
(➡16講、➡24講) (2点)
不定詞の名詞的用法と**分詞構文のカタマリ**がポイントです。decide to +動詞の原形は不定詞の名詞的用法が使われた表現で、「～するのを決める」の意味になります。また、hope to +動詞の原形も名詞的用法で「〜することを望む」という意味です。なお、hopingのVingの形は分詞構文です。

She decided to quit her job [and] travel the entire world, (hoping to explore different cultures [and] gain new perspectives).

S V 原形① O 原形② O 分詞構文v 原形① o 原形② o

前半の「仕事を辞め、世界中を旅することを決める」の不定詞のカタマリがつかめていれば1点、後半の分詞構文とその中の並列をつかみ、「〜することを求めて／希望して／〜しようとして」などと訳せていれば1点です。

(5) 正解 **どれだけたくさん間違えるかではなく、それらからどう学ぶかこそが重要なのだ。**
(➡30講) (2点)

対比構造の強調構文がポイントです。howのカタマリが並列されているとわかれば、構造がすっきり見えます。It is not A but B that is important. の形は強調構文の頻出事項で、「AではなくBこそが重要なのだ」という意味になります。

It's not [how many mistakes you make], but [how you learn from them] that is important.

S(A) S(B) V C

対比構造がつかめていれば1点、howの節内の訳出が正確にできていれば1点とします。

(6) 正解 **この絵画は美術館で展示される有名な芸術作品に負けず劣らず美しい。**
(➡23講、➡46講) (2点)

no less 〜 than ...の比較と**過去分詞による後置修飾**がポイントです。直訳すれば「有名な芸術作品と比べて美しさにおいて劣っていることはない」→「有名な芸術作品と同じくらい美しい」となります。ニュアンスを活かして「負けず劣らず」とすることもできます。また、displayedがthe famous artwork「有名な芸術作品」という名詞に後置修飾でかかっている点も要チェックです。

This painting is [no less] beautiful [than] the famous artwork [displayed in the museum].

S V C p.p.

no less 〜 than ... を「...同様に〜だ」や「...に負けず劣らず〜だ」とできていれば1点、displayed以下が後置修飾として「有名な芸術作品」を修飾するように訳せていれば1点です。

(7) 正解 **職場における効果的なコミュニケーション以上に価値のある能力は他にない。**
(➡47講) (2点)

〈No＋名詞〉が主語になり、間接的に最上級を表す表現です。「効果的なコミュニケーションよりも価値ある能力は他に何もない」と伝えることで、結局は「1番だ」ということを表しています。

No skill is more valuable [than] effective communication [in the workplace].

S V C

文頭のNoを使った比較を「〜以上に価値のある能力は他にない」と訳せていれば1点、「職場における効果的なコミュニケーション」と名詞を修飾する形で訳せていれば1点です。

(8) 正解 **今やオンライン学習がより一般に広まったので、学校はそれを学生たちにとってより魅力的にするための方法を見つけようとしている。**
(➡49講) (2点)

now thatは「今や〜なので」となり、**理由を表す接続詞**です。後半のto make以下にmake O Cが使われている点も要チェックです。「それ(オンライン学習)をより魅力的にするための」と解釈できればバッチリです。

([Now that] online learning has become (more) popular), schools are trying to find ways [to make it (more) attractive (for students)].

S V C S V O v o C M

理由の「今や〜なので」が訳せていれば1点、to make以下がwaysにかかるように訳せていれば1点です。

(9) 正解 **受験勉強をしながら、私は周囲の人とより気軽に話せるようになった。** (➡50講) (2点)

接続詞の後の主語とbe動詞の省略のパターンです。省略が起こるときは、主節と主語が共通しており、今回もそのルールが使われています。While S＋be Vingの形が、S＋beが省略されてWhile Vingになっていると理解すればOKです。

([While] {I was} studying (for the entrance exam)), I learned to talk (with people [around me]) (more casually).

省略 Ving M S V M M

まず、whileを正確に「〜しながら」とできていれば1点です。次にlearned to talkを「話せるようになった」とできていれば1点とします。

(10) 正解 **もしもう少し努力すれば、我々のコミュニケーションの方法に革命をもたらすソフトウェアを開発することができるだろう。** (➡40講) (2点)

If節のない仮定法のパターンです。仮定法を見抜くためには助動詞の過去形がポイントで、今回もcouldとwouldが過去形で仮定法過去になっています。条件の代用がWith a little more effort「もう少し努力すれば」になっているので、これをつかむことができるかも重要なポイントです。

(With a little more effort),
M

we could develop software
S V O

[that would revolutionize the way
S' V O

[we communicate]].
S V

the way we communicateについては「コミュニケーションのとり方」の意味で、関係副詞howを使ったhow we communicateと同じ意味になります。couldを仮定法として「できるだろう」とつかめていれば1点(couldの部分を「できた」と訳した場合はマイナス1点)、thatを関係代名詞として「我々がコミュニケーションをとる方法に革命をもたらす(であろう)ソフトウェア」と後置修飾でつかめていれば1点です。

3

(1) 正解 ウ (➡10講、➡18講、➡20講) (2点)

第4文型make O_1O_2と同じ文型を見つける問題です。me ≠ a cup of coffeeの関係なので、このmakeは第4文型のmakeとわかります。第4文型は「授与」の意味になりやすく、(1)は「入れてくれた」の意味になります。正解は第4文型になるウです。

(1)の構文解析

She made me a cup of coffee (early)
S V O_1 O_2 M

(in the morning).
M

ウの構文解析

My mom made me a sandwich (for lunch).
S V O_1 O_2 M

訳 (1) 彼女は私に朝早くコーヒーを1杯入れてくれた。(第4文型)

ア 天気のせいで、私たちが車を運転するのは難しかった。(第5文型)

イ ヒーローの犠牲が映画の幸せな結末をもたらした。(第1文型)

ウ 私の母は私の昼食のためにサンドイッチを作ってくれた。(第4文型)

エ 彼らは今週プロジェクトで多くの進歩を遂げた。(第3文型)

(2) 正解 ウ (➡03講、➡10講、➡16講) (2点)

第4文型leave O_1O_2と同じ文型を見つける問題です。me ≠ a large fortuneの関係なので、第4文型とわかります。第4文型で使われるleave人 物の形は「人に物を残す」の意味です。ウleft his children a legacy of hard work「子どもたちに懸命な努力の遺産を残した」が同じ文型になり、正解とわかります。

(2)の構文解析

(After years of hard work),
M

my uncle (finally) achieved great success
S V① O

and left me a large fortune (in his will).
V② O_1 O_2 M

ウの構文解析

He left his children a legacy of hard work.
S V O_1 O_2

訳 (2) 長年の努力の末、私のおじはついに大成功を収め、遺言で私に大きな財産を残してくれた。(第4文型)

ア 外出するときに必ずドアを開けたままにしないようにしてください。(第5文型)

イ 彼女は故郷を離れるという難しい決断をした。(第3文型)

ウ 彼は子どもたちに懸命な努力の遺産を残した。(第4文型)

エ 列車は毎朝8時に駅を出発する。(第3文型)

(3) 正解 ア (➡09講、➡10講、➡21講) (2点)

第5文型のget O p.p.を見抜く問題です。the students = interested(生徒が=興味を持たされる)の関係なので、これは第5文型とわかります。正解のアはmy car = fixed(車が=修理される)の関係があり、これも同じ第5文型です。

(3)の構文解析

The teacher is trying to get the students interested
S V O C

(in history).
M

アの構文解析

I need to get my car fixed
S V O C

(before I can go (on a road trip)).
S V M

訳 (3) 先生は生徒たちに歴史に興味を持ってもらおうとしている。(第5文型)

ア 道中に出かける前に車を修理する必要がある。(第5文型)

イ 彼女は家族について話すときにとても感情的になる。(第2文型)

ウ 長い1日の仕事の後、彼は疲れ果てて家に帰った。(第1文型)

エ 私はいつも就職面接前に緊張する。(第2文型)

(4) 正解 エ (➡10講、➡16講、➡31講、➡33講) (2点)

第5文型のdrive O Cを見抜く問題です。driveは「運転する」があまりにも有名ですが、目的語の後に補語として強い感情を表すcrazy／mad／

insaneなどを取ると、「OをCにする」の意味になります。問題のbananasは新傾向で「頭のおかしいこと」ですが、ぜひチェックしておきましょう。その他bananasの代わりにnutsと言うこともあります。

訳 (4) 隣人のパーティからの大きな音楽のせいで、私はイライラしている！（第5文型）
㋐ 仕事の後、彼女は夕食の食材を買うためにスーパーに車で行った。（第1文型）
㋑ 混雑した交通で車を運転するのは非常にストレスがかかるので好きではない。（第3文型）
㋒ 私の母はよく塾から帰るときに車で私を家まで送ってくれる。（第3文型）
㋓ 弟が1日中質問をし続けるせいで、私はイライラしている！（第5文型）

(5) 正解 ㋐（➡10講、➡16講、➡24講）（2点）
render O Cは**第5文型の応用パターン**です。(5)の英文ではit = driverless「それが＝運転手不要な」の関係があり、㋐もher = speechless「彼女が＝言葉を失った」の関係があるため、両者の動詞の使い方は同じ第5文型とわかります。

(5)の構文解析
The software update (S) will render (V) it (O) driverless (C),
(allowing (分詞構文 V) for hands-free operation (O) [of the vehicle]).

㋐の構文解析
The unexpected news (S) rendered (V) her (O) speechless (C)
(for a moment) (M).

ちなみに、renderはかなりハイレベルな知識ですが、早慶レベルの長文や国立の和訳問題でも狙われています。render O C「OをCにする」のパターンの出題率が圧倒的に高く、今後も狙われる知識になりそうなので、ぜひチェックしておきましょう。

訳 (5) ソフトウェアのアップデートにより、運転手不要になり、車両を手を使わずに操作できるようになる。（第5文型）
㋐ 思いがけないニュースに彼女は一瞬言葉を失った。（第5文型）
㋑ 作家は鮮やかな描写を使って、読者の心にシーンを描いた。（第3文型）
㋒ 音楽家は自身の熟練した演奏によって、複雑なメロディを簡単に再現することができた。（第3文型）
㋓ 画家は驚くべきほど詳細に風景を描写した。（第3文型）

4

(1) 正解 **You should have spent more time studying for the exam.**（➡39講）（2点）
助動詞 + have + p.p.の使い方がポイントです。should have p.p.「～すべきだったのに（実際にはしなかった）」のパターンになっています。ちなみにspendの語法もポイントで、spend O Ving「～するのに時間を費やす」も要チェックです。

(2) 正解 **This book is really interesting. I was wondering if you could lend it to me.**（➡05講、➡41講）（2点）
仮定法の丁寧表現です。I was wondering if S could + 動詞の原形～. は「～することができるかなと思いまして」の意味で使われており、相手へ配慮した最大限丁寧な表現になります。また、後半はlend 物 to 人の形で、第4文型のlendではなく、第3文型のパターンです。物に代名詞が来る場合、第3文型になることに注意しましょう。
I (S) was wondering (V) 〈If you (S) could lend (V) it (O) (to me) (M)〉 (O).

(3) 正解 **Had we discussed the problem more seriously, we might have been able to solve it.**（➡40講、➡44講）（2点）
仮定法過去完了の倒置のパターンです。Had + S + p.p. ～, S + 助動詞の過去形 + have + p.p. ～. の形が使われています。
倒置の作り方
①Ifを取る
(~~If~~ we (S) had discussed (V) the problem (O) (more seriously) (M)),
we (S) might have been able to solve (V) it (O).
②Sとhadをひっくり返す
(Had (Had) we (S) discussed (p.p.) the problem (O) (more seriously) (M)),
we (S) might have been able to solve (V) it (O).
ちなみに、今回はカンマがあるので使えませんが、We might have been able to solve the problem had we discussed it more seriously. と主節を前半に、後半をhad + S + p.p.にする形も使えます。この形は北海道大学の和訳問題でも出題されたので、要チェックです。

(4) 正解 **The movie was much more interesting than the one I watched before.**（➡45講）（2点）
比較級を強めるときにmuchを使います。また、この英文では比較対象にthe oneが来ており、これはthe movieを代名詞で言い換えたものです。後半のthe one I watchedは目的格の関係代名詞の省略です。thatやwhichが割愛されています。

The movie was (much more) interesting
S V C

than the one [I watched ◯ before].

(5) 正解 **They will have been dating for two years by the time they graduate from college.**
(➡35講) (2点)
未来完了のwill have p.p.の形です。**未来の基準点**がby the time SV「SがVする頃までには」になっており、そこまで継続的に「付き合っていることになるだろう」と伝えています。

They will have been dating (for two years)
S V M

(by the time they graduate (from college)).
S V M

(6) 正解 **She had to wait for over an hour to meet the manager.** (➡16講、➡32講) (2点)
〈to＋動詞の原形〉は「～するために」という不定詞の**副詞的用法**になっています。なお、過去完了を使っていないのは、過去の基準点が特にないためです。過去形と過去完了の識別も重要な問題でした。

(7) 正解 **They were so thrilled when they got their new games that they couldn't stop playing them.**
(➡49講) (2点)
「とても～なので…だ」を表す〈so＋形容詞＋that S can't＋動詞の原形〉のパターンの応用です。so thrilledで「これほどまでにわくわくした」と示し、その後that以下で詳しく「どの程度か」を説明しています。なお、今回はwhen節が入っているためにやや難しい問題だったかもしれません。構文解析でチェックしておきましょう。

They were so thrilled (when they got their new
S V C S V O

games) that they couldn't stop 〈playing them〉.
S V O

(8) 正解 **However busy he is, he always makes efforts to continue learning and improving himself.** (➡16講、➡28講) (2点)
複合関係詞の知識の問題です。howeverは力持ちなので、形容詞や副詞を前に持ってくる性質があります。そこで、howeverの直後にbusyを持ってこれたかがポイントです。

(However busy he is ◯),
C S V

he (always) makes efforts
S V O

[to continue learning and improving himself].

(9) 正解 **This is the book that first piqued my interest in English grammar and its history.**
(➡26講) (2点)
この英文では**主格の関係代名詞のthat**の使い方がポイントです。副詞のfirstが入ってくるパターンなので、少し難易度が高い問題でした。piquedが動詞と気づいた人は解ける問題です。pique one's intertestは「興味を刺激する」くらいの意味で使われる重要なコロケーションです。

This is the book
S V C

[that (first) piqued my interest [in English and
S' M V O

its history]].

(10) 正解 **If I hadn't met my mentor, I wouldn't be the scholar that I am today.** (➡42講) (2点)
この問題は**仮定法の時制のズレがあるもの**です。If節が仮定法過去完了(過去の想像)で、主節が仮定法過去(現在の想像)のパターンになっています。〈今ワード〉のtoday「今日」を使っているので、主節はwouldn't beと仮定法過去になることがわかれば解ける問題です。このパターンは特に〈今ワード〉であるnow／today／stillなどが目印です。

(If I hadn't met my mentor),
S V O

今ワード

I wouldn't be the scholar [that I am (today)].
S V C C' S V M

I amの部分が現在形を使っているのは「事実として今の私がある」からです。このような時制のズレのある混合型の仮定法の使い方についても理解を深めましょう。

5

(A) **Learning grammar**

(1) 正解 ㋐ (➡03講、➡16講、➡18講、➡45講) (2点)
一般論と主張の構造が理解できているかがポイントです。第1段落の第2文で筆者は「中には～と主張する人もいる」と述べてから、反論として自説を展開してきます。

一般論
Some people might argue 〈that grammar is less important than learning vocabulary〉.

主張
However, it is crucial 〈to recognize the significance
S V C

of learning English grammar and why it is necessary for foreign language learners〉.

筆者の立場は「英文法を学ぶことの意義となぜそれが外国語学習者にとって必要なのかを認識することは非常に重要だ」という点なので、正解はそれを言い換えた ㋐ **It is critical for foreign language learners.** です。

訳 英文法を学ぶ意義は何か。
㋐ **それは外国語学習者にとって非常に重要だ。**

㋑ それは語彙を学ぶことよりも重要性が下がる。
㋒ それはヨーロッパの言語を学ぶ学生のみに役立つ。
㋓ それは英語での効果的なコミュニケーションに必要ではない。

(2) 正解 ㋒（➡09講、➡24講）（2点）
語法の知識が役立つ問題です。第3段落最終文のまとめの部分で、By learning English grammar, students can recognize patterns in other languages more easily, making the learning experience more efficient.「英文法を学ぶことによって、学生は他の言語のパターンをより簡単に認識でき、学習経験をより効率的にできる」と述べています。㋒**「彼らが他の言語のパターンを認識するのに役立つ」**が言い換えとしてふさわしいです。ちなみに、選択肢で使われているhelp O 原形は「できる」の言い換えでもよく狙われます。「Oが原形する手助けになる」とは要するに「それをするのに役立つ」ということです。助動詞のcanと一緒に使われることも多いです。
訳 英文法を学ぶことが、他のヨーロッパ諸言語を学ぶ学生にどのように役立つのか。
㋐ 彼らが日本語をより簡単に学ぶのに役立つ。
㋑ 彼らの語彙力を向上させるのに役立つ。
㋒ 彼らが他の言語のパターンを認識するのに役立つ。
㋓ 彼らが英語でより効果的にコミュニケーションをとるのに役立つ。

(3) 正解 ㋑（➡09講）（2点）
語法が役立つ問題です。helpの語法とその言い換えのallowの語法に着目してみましょう。第4段落最終文にConsistent practice and repetition can help learners remember and apply grammar rules more effectively.「一貫した練習を重ね、繰り返すことは学習者がより効果的に文法規則を覚え、応用することに役立つ」とあります。本文中のhelp O 原形の語法は、よく〈allow O to＋動詞の原形〉の語法で言い換えられます。正解は㋑の**It allows learners to remember and apply grammar rules more effectively.「学習者が文法規則をより効果的に覚え、応用できるようになる」**です。
訳 英文法を学ぶ際に繰り返すことの重要性は何か。
㋐ 有効な学習には必要ではない。
㋑ 学習者が文法規則をより効果的に覚え、応用できるようになる。
㋒ 学習経験を阻害する可能性がある。
㋓ プロの通訳者や翻訳者にのみ必要だ。

(4) 正解 ㋑（➡11講、➡13講）（2点）
語彙問題です。fundamental「根本的な」は「重要な」系の単語の言い換えとしてよく使われます。選択肢の㋑の**necessary**「必要な」が正解です。crucial／critical／essentialも狙われます。
訳 最終段階の下線の施された“fundamental”という単語の意味は何か。
㋐ 難しい
㋑ 必要な
㋒ 任意の
㋓ 興味深い

(5) 正解 ㋒（➡24講、➡26講）（2点）
最終段落最終文が該当箇所で、**not only A but also Bの構文**です。「AだけではなくBも」の意味になります。さらに、関係代名詞のthatの修飾関係が重要なポイントになっています。

(Whether for practical reasons or personal growth), 〈learning English grammar〉 is a skill [that will benefit learners not only for college entrance exams but also for their bright futures].
(M: Whether … growth / S: learning English grammar / V: is / C: a skill / S': that / V': will benefit / O: learners / A: for college entrance exams / B: for their bright futures)

訳 実用的な理由でも個人の成長のためにも、英文法を学ぶことは大学入試のためだけではなく、学習者の明るい未来のためにも利益となる技術だ。
言い換えとして㋒がふさわしいとわかります。

〈Studying English grammar〉 can benefit learners and lead to success [in their future].
(原因 / S: Studying English grammar / V①: can benefit / O: learners / V②: lead to / O: success / M: in their future / 結果)

訳 次のうち、文章の要点を最もよく表しているものはどれか。
㋐ 外国語学習者にとって、英文法を学ぶことは必要ではない。
㋑ 英語での効果的なコミュニケーションにおいて、文法よりも語彙が重要である。
㋒ 英文法を勉強することは学習者に利益をもたらし、将来の成功につながる。
㋓ 英文法を効果的に学ぶためには、繰り返しは重要ではない。

訳 (A) 文法を学ぶということ
英文法を学ぶことは、英語を上手に話したり書いたりしたい人にとって不可欠なことだ。文法は語彙の学習より重要度が低いという意見もあるかもしれない。しかし、英文法を学ぶことの意義と、なぜそれが外国語学習者にとって必要なのかを認識することは非常に重要だ。
まず、文法を理解することは外国語を学ぶ人なら誰にとっても不可欠であり、特に英語にはそれが当てはまる。英語の文法は、日本語の文法と大きく異なるため、誤解を招くことがある。例えば、英語では、文の構成には語順が重要であり、時間や期間を伝えるには時制が不可欠だ。これらの規則を正しく理解しないと、英語での効果的なコミュニケーションは難しくなる。

第２に、英文法を学ぶことは、他のヨーロッパ諸言語を学ぶ学生にも有益だ。フランス語、スペイン語、ドイツ語など、多くのヨーロッパの言語は、英語と同じような文法構造を共有している。例えば、高校で英語を学んだある日本人学生は、大学でのフランス語の習得に英文法の学習が役立ったと語った。英文法を学ぶことで、学生は他の言語のパターンをより簡単に認識できるようになり、学習経験がより効率的になるのだ。

第３に、どの言語を学ぶ際にも繰り返しが非常に重要であり、これは英文法を学ぶ際にも当てはまる。成功した通訳者、翻訳者、国際的なビジネスパーソンの中には、文法を練習することで英語をマスターした人がたくさんいる。文法規則を学び、それを音読して繰り返し練習することで驚異的な成功を収めた日本の有名な通訳者、國弘正雄氏(1930-2014)がその一例だ。彼は若い頃、文法の教科書を通して英語の実践的なパターンを学んだ。一貫した練習と反復練習は、学習者が文法規則をより効果的に記憶し、応用するのに役立つ。

要するに、英文法を学ぶことは、英語を学ぶ人にとって重要なことなのだ。文法を理解することで、学習者は効果的にコミュニケーションをとることができ、自分の選んだ分野で成功する可能性を高めることができる。実用的な理由でも個人の成長のためにも、英文法を学ぶことは、大学入試のためだけでなく、学習者の明るい未来に役立つ技術なのだ。

(B) Artificial Intelligence and Its Potential Impact on Society

(1) 正解 **AI〔人工知能〕が社会に対して与える可能性のある潜在的な恩恵を考えることが不可欠だ。**
(➡16講、➡18講、➡26講、➡44講)(3点)
形式主語のitを使った構文です。to consider以下が真主語になっています。後半のthatはofferに対する目的語なので、これは目的格の関係代名詞のthatと理解すればOKです。語句に関して言うと、potential benefitsが「潜在的な恩恵」→「(これから)恩恵になる可能性のあること」と理解するとわかりやすくなります。

形式主語
〜, it is essential 〈to consider the potential benefits〉
S V C 真主語
[that AI could offer (to society)].
O' S V M

また、couldを「できた」と過去の意味で訳しがちですが、正しくはcouldは「〜できるだろう」と仮定法過去で解釈します。「〜できるだろう」や「〜し得る」などと訳すのが正解です。これは仮定法の時系列の識別で重要なポイントでしたね。時系列が正確につかめていれば１点、that以下を後置修飾としてつかめていれば１点、さらに形式主語や真主語が正確に処理できていれば１点です。

(2) 正解 ㋒ (➡26講)(2点)
本文の第２段落の第２文にWith the development of AI, educators can use adaptive learning techniques that provide personalized learning experiences for students.「AIの発展により、教育者は学生に個々に合った学習経験を提供する適応学習技術を使うことができる」とあります。ここでは主格の関係代名詞のthatが使われています。personalizedが難しいかもしれませんが、これは分詞で学んだ過去分詞(p.p.)なので「個別化された」、つまりは「個々に合った」の意味で取ればOKです。

(With the development of AI),
M
educators can use adaptive learning techniques
S V O
[that provide personalized learning experiences
S' V O
(for students)].
M

㋒ To provide personalized learning experiences
名詞的用法「〜すること」
(for students).

訳 次のうち、教育分野でAIを利用することの潜在的な利点の１つは何か。
㋐ 教師をAIに代えること。
㋑ 学生に似たような学習経験を創出すること。
㋒ 学生に個々に合った学習経験を提供すること。
㋓ 学生の学習機会を減らすこと。

(3) 正解 ㋓ (➡16講)(2点)
〈to＋動詞の原形〉のカタマリの把握と正確な理解がポイントです。第３段落の第２〜３文にMedical professionals can utilize AI algorithms to analyze patient data and provide more accurate diagnoses. This has the potential to decrease the rate of misdiagnosis and improve patient outcomes.「医療従事者は、患者のデータを分析し、より正確な診断を行うためにAIアルゴリズムを利用することができる。これにより、誤診率を減らし、患者の治療成績を改善する可能性がある」と書かれています。構文解析をすると次のとおりです。

Medical professionals can utilize AI algorithms
S V O

(to analyze patient data and provide more
並列① 並列②

accurate diagnoses).

This has the potential [to decrease the rate of
S V O 後置修飾 並列①

misdiagnosis and improve patient outcomes].
並列②

訳 AIは医療分野にどのように利益をもたらすことができるか。

㋐ 誤診率を上げることによって。

㋑ 患者の治療成績を低下させることによって。

㋒ 患者の診察後に彼らの症状を理解するシステムを作成することによって。

㋓ 患者のデータを分析し、より正確な診断を提供することによって。

(4) 正解 **藤井聡太さんはAI〔人工知能〕と対戦することによって、新しい将棋の手を生み出す機会を活用し続けている。**（➡15講、➡16講、➡33講）（3点）

現在完了進行形や**句のカタマリの捉え方**がポイントです。主語はSota Fujiiで、述語動詞がhas been takingです。take advantage of ～ は熟語で「～を活用する」という意味になります。opportunityに関してはよく不定詞の形容詞的用法と共に使われ、「～する機会」と訳されます。

Sota Fujii, has been taking advantage of
S V

opportunities [to create new moves]
O

(by competing with AI).
M

現在完了進行形の「ずっと～し続けている」の訳出と熟語take advantage of ～の意味が正確につかめていれば1点、さらに後半の不定詞の修飾関係（opportunitiesにかかるように和訳できている）やby Ving以下の副詞句の処理ができていれば1点ずつです。by Ving以下は「～することによって」と解釈すればOKです。

訳 (B) 人工知能とその社会への影響の可能性

近年、人工知能が大変注目されている。AIは社会にとって脅威であり、やがて人類が滅亡する可能性があるという意見もある。こうした懸念は全く根拠のないものではないが、(1)**AIが社会に対して与える可能性のある潜在的な恩恵を考えることが不可欠だ。**

まず、教育分野はAIが大きく貢献できる分野である。AIの発展により、教育者は学生に個々に合った学習体験を提供する適応学習技術を使うことができる。これにより、教育成果を向上させ、学生の学習の参加を高めることができる。さらに、AIは教師の宿題の採点を支援し、教師は時間を最適化して授業計画や教え方の技術の向上に専念できるようになる。

第2に、AIは医療分野に革命をもたらす可能性を秘めている。医療従事者は、AIアルゴリズムを活用して患者のデータを分析し、より正確な診断を行うことができる。これにより、誤診率を減らし、患者の治療成績を改善する可能性がある。すでに一部の医師は、患者が医師の診察を受ける前に、自分の症状や治療法の可能性を理解できるシステムを導入している。さらに、AIは、医師や看護師が患者のデータの新しい治療法の開発につながる可能性があるパターンを認識するのに役立つ。

第3に、AIは人間と機械の共生を促進することができる。機械がより賢くなるにつれて、機械が人間の労働者にとって代わるのではないかという懸念が高まっている。しかし、AIは人間の能力を代替するのではなく、むしろ向上させるために活用することができる。例えば、将棋のプロ棋士である(2)**藤井聡太さんはAIと対戦することによって、新しい将棋の手を生み出す機会を活用し続けている。**さらに、製造業や有害廃棄物の清掃など、反復的で、時間がかかり、危険な作業をAIが支援することも可能だ。これにより、人間は設計や意志決定など、より創造的で戦略的な作業に集中することができるようになるのだ。

AIが社会に与える悪影響が懸念される一方で、AIがもたらす潜在的なメリットも認識することが極めて重要だ。教育、医療、人間と機械の協力体制にAIを導入することで、人間がAIと調和して共存し、よりよい社会を実現する未来につながるかもしれない。

NOTE

KOKOKARA DRILL SERIES

大学入試

TSUNAGERU

①